交換定律

人脈經營不可不知的25個法則

作者：瞿力

1 真經不可空取

讓孫悟空不得不低頭的「人事」故事 ——— 007

眞經不可空取　008

要想獲得就必須付出　010

2 禮尚往來的重要

禮物餽贈中的交換定律 ——— 013

交換交易三定律　015

交換理論的兩個概念　019

3 社會交換與社會結構的生成

簡要的闡釋 ——— 023

一報還一報　024

4 愛情裡的交換交易

社會交換的突出特性 ——— 031

戀愛遊戲中的交換交易　033

社會交換的特殊性　035

5 威尼斯商人的啟示

複雜情境中的交換交易故事 ——— 039

經濟交換V.S.社會交換　044

6 耕耘人生的牛和犁

第一個交換定律 ——— 047

定律一　價值實現定律　048

7 社會金字塔為什麼如此穩固 ———— 053
第二個交換定律

定律二 金字塔定律　　057

8 鯉魚為什麼要去躍龍門 ———— 063
第三個交換定律

定律三 層級倍增定律　　064

9 信任不只是說說而已 ———— 069
第四個交換定律

定律四 信任增強定律　　073

10 輕輕撥動心理的天平 ———— 077
第五個交換定律

定律五 效能平衡定律　　079

11 憑什麼制裁違規者 ———— 085
第六個交換定律

定律六 排斥異己定律　　088

12 改變命運的策略 ———— 093
沿著社會金字塔上升的基本策略

13 掏出筆來算一算 ———— 097
你站在社會序列的哪一個位置

社會資源的分布趨勢　　098
交換資源的種類　　100

14 英雄救美 ——————————— 107

你拿什麼來進行交換交易

15 拒絕孤獨 ——————————— 111

高位者顯示權力的強大動力

成為領袖的秘密和訣竅　**112**

16 人情大於法 ——————————— 117

高位者憑什麼得到威望和權力

17 袁世凱何以發跡 ——————————— 123

歷史反面人物的交換交易策略

施恩與受惠　**124**
單位內部的權力結構　**128**

18 贏得信任 ——————————— 133

在「關係本位」社會中找到「自己人」

強關係與弱關係　**134**

19 積聚資源的捷徑 ——————————— 141

把「外人」轉變為「自己人」

信任的產生和增強　**142**
如何建立信任關係　**144**

20 破解「奧爾森困境」 —— 149
如何在大集團中實現交換利益最大化
追求個人私利最大化　150

個人行動準則　153

21 水泊梁山的傳奇故事 —— 157
憑藉「山頭」走上權力的顛峰
山頭政治遊戲　160

22 三個和尚沒水喝 —— 165
你選擇妥協還是毀滅
三個和尚沒水喝　167

妥協的藝術　169

23 江山代有才人出 —— 171
政治戲碼幕後的生死拚殺
逢迎拍馬，見風轉舵　172

有效排擠打擊異己　174

江山代有才人出　176

24 自己活也讓別人活 —— 181
壕溝戰中的交換交易奇觀
戰爭中的奇觀　182

對立雙方如何克制與合作　185

25 交換交易之「道」 —— 187
人際交往的十大「戒律」

眞經不可空取

1

讓孫悟空不得不低頭的「人事」故事

再深一層看，「眞經不可輕傳，亦不可空取」的故事蘊藏著深刻的人生哲理，折射出的是人間社會的一條基本準則：要想「獲得」，就必須「付出」。「付出」和「獲得」構成了一個交換交易過程；進行交換交易，是社會互動的一項基本準則。

俗話說：「一個籬笆三個樁，一個好漢三個幫」。

大家都能理解，朋友之間建立關係，互相關心對方的利益，互相產生感情上的信任和依賴。在真正的朋友之間，他們自然而然地期望對方做一些事情，在需要的時候互相幫助，互相提供社會支援。因此，交朋友是有價值的。

但是，在日常生活中，你有沒有感到過你的朋友總是企圖從你那裡獲得某些東西？有沒有感到過總是有人向你求助或者別人不情願為你提供你所需要的幫助？有沒有在別人向你提供過某種幫助後，真心向他表示感激之情，或者是覺得自己有責任予以回報？

這種心理感受，概而言之，其主題歸根究柢乃是「給予」和「回報」，實際上也就是一種「交換」。如果真誠的朋友之間都有「給予」和「回報」，朋友之間的交往都以「交換」為基本模式，那麼，其他社會行為是不是也遵循「交換」的原則和規則呢？答案是肯定的。下面的故事可以給我們很好的啟示。

真經不可空取

一般人在遇到困難，選擇作出某種退讓妥協時，往往會說：「人在屋簷下，不得不低頭。」但是，要讓不畏艱難、神通廣大的孫悟空低頭，似乎總有些無法想像。然而，在幾百年來吸引無數未成年人、成年人的《西遊記》中，這樣的事情卻實實在在地發生了；而且，還是在歷經九九八十一難，唐僧師徒最終來到佛山聖地靈山以後發生的。

　　當時，唐僧師徒上得靈山，果然是一派佛光山色，直讓人賞心悅目。從搖曳的枝頭望過去，已經可以隱隱看到雷音寺的寶閣珍樓。這時，如來佛已經召集八位菩薩、四大金剛、五百羅漢、三千揭諦、十一大曜、十八伽藍於兩行排列，隆重歡迎唐僧師徒的到來。師徒如儀行禮之後，唐僧恭敬地說：「弟子玄奘，從東土大唐前來拜求真經。望佛祖垂恩，賜予經書。弟子回國以後，一定廣傳佛法，普濟眾生。」如來佛大發慈悲之心，向唐僧師徒詳細介紹了經文的類別與作用，接著又吩咐阿儺、迦葉兩位尊者先將師徒四人帶到珍樓用一些齋食，然後將寶閣中的經書各選一套，賜予唐僧。

　　且說阿儺、迦葉兩位尊者奉了佛旨，款待四人用完齋飯，便到寶閣挑選經書。阿儺、迦葉兩位尊者引唐僧看遍經名，突然說道：「聖僧東土到此，有些甚麼『人事』送我們？快拿出來，好傳經與你去。」唐僧很吃驚地回答說：「弟子玄奘，來路迢遙，並沒有準備什麼禮物。」兩位尊者不覺惱了，說：「這樣可好！如果都這樣白手傳經繼世，莫不是想要傳經人都餓死吧！」

　　唐僧師徒四人聽了，不覺十分惱火。孫悟空更是忍不住，跳起來大叫道：「佛山聖地，你們竟敢如此放肆，還要公然索賄，膽子也太大了！我們可要去稟告如來，教他親自來傳經！」聽他這麼一鬧，阿儺尊者說：「莫嚷！這裡是甚麼地方，還由得你來撒野放刁！罷了，你們到這邊來接經吧。」經書總算到手，但唐僧師徒意想不到的是，就因為沒有禮物相送，阿儺、迦葉兩位尊者竟給他們傳了一套無字經

書，還是燃燈古佛好心，設計讓唐僧師徒及早發現。又急又怒之下，師徒四人果眞回到大雄寶殿，向如來佛告了兩位尊者一狀。

然而，更讓唐僧師徒想不到的是，聽了他們的抱怨，如來佛卻笑道：「你們先別吵嚷，兩位尊者向你們索要『人事』，這個我已經知道了。可是，你們知道嗎？從前眾僧下山到舍衛國趙長者家誦了一遍經，討得他三斗三升米粒黃金回來，我還說他們賣得也太便宜了。所以啊，眞經不可輕傳，亦不可以空取。你如今空手來取，是以傳了無字的眞經。你們要換取有字眞經，還是去找阿儺、迦葉兩位尊者吧！」

有意思的是，兩位尊者領了唐僧師徒去換有字眞經時，仍向四人索要禮物。唐僧無可奈何，只好將唐太宗賜予的化齋用的紫金鉢盂，奉送給兩位尊者。阿儺和迦葉兩人這才重新打開寶閣，爲他們準備了5048卷經書。師徒四人收拾妥當，讓白馬馱著經書，告別了尊者，歡天喜地回歸東土而去。

要想獲得就必須付出

一個人不能憑空想像一個世界，即便是再高明的藝術家，也必須以人間活生生的事實，以現實生活，以歷史生活的經驗和知識爲基礎進行藝術虛構。超人間現象只是人間現實的變形的複寫，撇開幻想的紗幕，人們總可以從中看到反映的眞實世界。同樣，唐僧師徒西天取經故事中的神道、菩

薩都富有人性，他們的言行中充滿著人情世故，他們的性格和行爲也有著濃郁的社會關係的投影。而這一點，也正是《西遊記》數百年來吸引甚至傾倒無數人們的緣故吧。從這一點講，唐僧取經故事中的「眞經不可空取」或許不單純是讓人惱火，而應當是一種我們似曾熟悉的情景。

再深一層看，「眞經不可輕傳，亦不可空取」的故事蘊藏著深刻的人生哲理，反映出的是人間社會的一條基本準則：要想「獲得」，就必須「付出」。「付出」和「獲得」構成了一個交換交易過程；進行交換交易，是社會互動的一項基本準則。

1950年代末期，在美國逐漸出現一種社會互動理論，這種理論強調：人類的相互交往和社會聯繫是一種社會交換過程。更具體地講，根據這一理論，大量的社會互動現象可以被歸入在至少兩個人之間的帶有報償性或有價值的（包括物質的和非物質的、可見的和不可見的）交換活動。

這就是社會交換理論！根據這一理論，交換行爲無處不在，日常中無數的社會行爲都可以用交換交易來闡釋。本書的主題，就是從交換理論的一些基本原理出發，結合實際的社會生活，闡明人們應當遵循的行爲準則。

2

禮尚往來的重要

禮物餽贈中的交換定律

從本性上來講，人們不喜歡被他人利用，也不喜歡占別人的便宜。當人們覺得自己與別人的關係很公平時，能得到最大的滿足。

　　社會交換無處不在，即使是在人們一般認為最不可能的
地方和時候，也廣泛存在著透過交換交易進行某種「交易」
的事例。在長年累月的過程中，這些交換行為逐漸形成並遵
循著一定的原則和規則。這些原則和規則，就是我們在這裡
集中討論的交換定律。

　　我們先來看一看，一段最為古老的斯堪的納維亞長詩
《埃達》的描述：

　　我從未見過有人如此慷慨大方，熱情待客。
　　期待不為回報，受禮不期還禮。
　　朋友交往互贈武器與衣物，互相給予快樂，
　　彼此相知，禮尚往來，互施互惠的人方是長久的朋友。

　　人應以友為友，以禮還禮，以笑答笑，
　　而對謊言只有報以狡詐。
　　你可知道，若想交友，須有信任，
　　若想友誼地久天長，須與之交心，
　　與之互贈禮物，互相拜訪。

　　如既非朋友，又無信任，
　　則與他好言相處，但須心懷戒心，
　　用欺詐回報他的謊言。

　　如果既無信任又無好感，
　　只須對他違心地微笑，

他送什麼禮物，就回什麼禮物。

勇敢慷慨的人心胸坦蕩，生活美好，
膽小懦弱則事事憂慮，吝於施禮。
沒有比對神過度犧牲奉獻而更好的祈求，
送出的禮總在期待回報，
沒有比過度鋪張更好的供奉。

在斯堪的納維亞，交換和契約常以禮物的形式進行。在理論上，這種交換純屬自願，而實際上卻包含「贈與」及「回報」的義務。再仔細想想，就會發現，即使是最常見的餽贈，同樣包含著報償性的和價值的交換，其意義上可以視為是進行某種交易。

交換交易三定律

正如詩中所說，「送出的禮總在期待回報」、「彼此相知，禮尚往來，*互施互惠的人方是長久的朋友*」，不僅在斯堪的納維亞，在其他很多地方，人們的社會生活都透過交換的方式，顯現出其中所包含的利益關係，以及人與人之間的義務、責任、信任和感激；同時，又透過這種交換日益形成和強化了人們間互相依賴的關係。

我們也可以說，只有透過交換交易而建立的人與人之間的關係，才真正是牢不可破的。交換交易對人們的社會生活產生長遠持久的影響，甚至已經成為社會生活的一種象徵。

總之，在禮物的餽贈與回贈的行為當中，隱藏著人們在日常行為中遵循的、也是交換交易的三個基本定律：

定律一　社會因交換而存在

人們在談論社會生活時，實際上就是談論人與人之間的交往。只有在人們自己所建立的社會關係中，他們的利益才能得到表現，他們的欲望才能成為現實。而正如前面所指的，人與人之間的交往，遵循著交換交易的原則。我們可以這樣說，交換交易以及在交換交易過程中所形成和強化的各種關係，是構成社會的基本邏輯。

只要我們仔細觀察，就會發現，在我們的日常生活中，交換交易的事例其實隨處可見，例如：

同一個公司或單位的同事團結合作，在工作上相互幫助與配合；

鄰居之間關係密切和睦，當鄰居老人平時非常關心自己的小孩，過新年的時候會帶著自己的小孩給老人拜年；

一群孩子在草地上玩耍，把各自帶來的玩具交換玩；

一位男士讚美一位小姐美麗的容貌，而這位小姐對他的讚美報以微笑；

兩位政治家平時在很多政治觀點和議題上有著重大的分歧和爭議，但又在一些政策主張上互相讓步、互表贊同，以爭取對方的支持；

……

定律二　任何行為都應當得到適宜的報答或懲罰

　　人們常常說，「種瓜得瓜，種豆得豆」、「善有善報，惡有惡報」。無論你喜歡還是不喜歡，此刻你所經歷的一切，可以說都是你與其他人進行交換交易的結果。這一基本定律，指的就是一種因果關係。這一個原則，與我們日常生活的經驗非常吻合。

　　著名經濟學家、《國富論》的作者亞當‧史密斯（Adam Smith），在其《道德情操論》中所論述的，說明其本質內涵和現實意義：「任何表現為合宜的感激對象的行為，顯然應該得到報答；同時，任何表現為合宜的憤恨對象的行為，顯然應該受到懲罰。立即和直接促使我們去報答的情感，就是感激；立即和直接促使我們去懲罰的情感，就是憤恨。所以，對我們來說，下述行為顯然要給予報答——它表現為合宜而又公認的感激對象；另一方面，下述行為顯然要受到懲罰——它表現為合宜而又公認的憤恨對象。**報答，就是為了所得的好處而給予報答、償還，報之以德。懲罰也是一種報答和償還，雖然它是以不同的方式進行的；這是以惡報惡。**」

　　我們必須承認，千百年來人們已遵循此定律行事。《詩經》有云：「投我以木瓜，報之以瓊瑤，匪報也，永以為好也。」就是這個道理，也是一個明證。

定律三　人與人之間的交換以「給予」和「回報」等值為基礎

這也可以稱為**公平定律**或**等價定律**。這一定律的涵意是：在對報酬和代價進行估算之後，人們往往按照公平交換的原則行事。**從本性上來講，人們不喜歡被他人利用，也不喜歡占別人的便宜。當人們覺得自己與別人的關係很公平時，能得到最大的滿足。**因此，等價交換定律意味著：交換交易關係中的一方將期待彼此所獲得的報酬與各自所付出的代價成正比——報酬越大，代價也越大；同時，他也期待彼此的純回報與各自所投下的投資成正比——投資越多，收益也越多。

對於人際交換交易中的公平問題，著名社會學家齊美爾認為：人與人之間的所有交往，都以「給予」和「回報」等值為基礎。根據日常經驗，在一切以合法形式進行的經濟交換中，所有涉及某種既定服務的固定協議，在所有合法化關係的義務中，法律法規以強制力量保證了交換交易關係的平衡。沒有這種相互性，社會平衡和凝聚便不復存在。但是，對於許多社會交換關係來說，如果僅以金錢、物質標準來衡量，要達到等值或許是不可能的。這時，感激、服從、服務、忠誠等就成為實現交換交易平衡的補充物——使人們在主觀認知上達到某種平衡。從事實經驗看，很大程度上也正是這些補充物所賦予的內涵，促進了人與人之間關係的平衡，並強化了交換交易雙方相互關係的紐帶，使得這一關係在沒有外在強制力量加以保證時，也依然如此。

交換理論的兩個概念

關於禮物餽贈與回贈的一系列行爲當中，除了上述三個基本定律，還涉及到交換理論的兩組基本概念：代價與報酬、內部報酬與外部報酬。

概念一　代價與報酬

代價與報酬涉及的問題，實際上就是交換什麼？交換交易過程中要付出什麼，又得到什麼？E.福阿與U.福阿二人用「資源」這一範疇來概括交換所涉及的對象，而且將所有資源列爲六大類：

——愛，是愛慕、溫情或愜意的交流；

——地位，是尊重、敬仰或名望的表現；

——服務，涉及與身體、財產有關的活動；

——貨物，指有形的產品、物件或材料；

——信息，表現爲勸告、意見或教導；

——金錢，則是由社會賦予標準價值單位的硬幣、紙幣或其象徵品。

所謂「代價」，往往也可以視爲投入、投資、成本等，有時候表現爲主動的付出，有時候則可能是一種被動的付出。代價大致分爲三類：

——投資性代價，指花費時間與精力，以獲得技能來爲他人提供資源；

——直接性代價，指在交換交易中給予他人的資源；

——機會性代價，指預計能從其他交換交易中獲得的、

卻因為選擇了錯誤的交換交易而喪失的回報。

在具體交換交易行為中，代價可以是時間、精力、衝突、責難、得到其他報酬的機會，以及物質性資源的投入等。

所謂「報酬」，既有物質上的回報，也有非物質性的獎勵；可以是主動、自覺追求行動的回報，也可以是一種適宜行為的自然獎勵。報酬大致可以分為六類：個人魅力、社會接受、社會認可、有效服務、尊敬／聲譽、服從／權力。具體交換行為中，報酬主要包括：愛、服從、忠誠、金錢、地位、知識、物質性資源的回報及服務等。

根據交換理論的觀點，人們在交換交易關係中所付出的代價及獲得的報酬，是決定人際關係發展狀況的重要條件。要獲得報酬就必須付出一定的成本，一般而言，一個人會在同時並存的各種人際關係中比較報酬與代價，並選擇主觀上認為報酬最大的人際關係。但要注意的是，報酬最大，並不意味著僅僅只是物質性報酬最大。事實上，人們並不一定認為物質性報酬最大的人際關係最優。

概念二 內部報酬與外部報酬

所謂內部報酬，是指從人與人交換交易關係本身中取得的報酬。這時，報酬與社會交往、社會交換本身是內在地融合在一起的。也就是說，交換行為本身即成為交換的目的，交換行為本身即為其價值。例如，一位正處在戀愛中的少年，對能夠與他所愛戀少女交往本身感到由衷的快樂；一位青年犧牲自己的時間來陪伴智慧的老人，並以有機會與他在一起為樂趣。將這種快樂和樂趣作為一種報酬，就視為內部

報酬。

　　所謂外部報酬，則是指從提供外在利益的交往中所獲得的報酬。這時，社會交往、社會交換被當做是從他人那裡獲得報酬的一種手段，而不同於一個人從交換交易關係本身中獲得報酬。在這種情形下，報酬與具體的交換交易行為本身分離，而這種報酬原則上能夠從任何一個交換者那裡獲得。例如，一個人向他的上司獻媚，並非因為他真心認為上司的領導能力、品德或某一行為值得讚美，而是因為這樣上司可能會更加注意到他。或是，某人向某官員行賄，希望得到某種更為大量的不正當物質回報。這些都屬於外部報酬。

　　根據報酬的種類，可以把交換交易關係劃分為兩種不同的類型，也就是可以把社會關係劃分為內部關係和外部關係。母親與孩子之間的親情、市場上的商品交易大概可以分別被視為最明顯、最典型的內部關係和外部關係。

　　顯然，內部報酬與外部報酬的區別，表現在日常生活中去比較夥伴，然後從眾多夥伴中捨此取彼，選擇更為親近的夥伴，以及評價一個人的行為，都設立了某種評判標準。例如，對於一位定期到敬老院去照顧孤老並從中得到由衷快樂的美麗少女，人們常常會給予發自內心的讚賞；同樣是一位美麗的少女，當她因為金錢而選擇嫁給老富翁時，人們常常會投之以異樣的目光，甚至給予貶損性的評價。

　　然而，外部關係與內部關係並不是截然分開的。有許多社會關係，並不能很容易被劃分為內部報酬或外部報酬。事實上，交換交易關係的內部─外部特徵是一個連續體，許多關係表現屬於一種內部報酬和外部報酬的混合體。我們將在

下文闡明，隨著社會交換過程的進一步發展，外部關係常常能夠轉化爲內部關係。

就知識來源而言，社會交換理論依賴經濟交換理論，但二者有很大的區別。從理論闡釋能力來講，社會交換理論不能解釋所有的社會現象，但對於我們深入理解社會行爲，常常能夠提供極其深刻的啓示。我們或者會發現，運用交換理論來解讀現實生活中人類的社會行動或集體行動，許多原本複雜的社會現象可以得到很好的解釋，並且還能發現其中蘊藏著的深刻道理。

社會交換與社會結構的生成

簡要的闡釋

3

　　人們通常都承認，只有當一個人「失勢」的時候，才能發現真正的朋友是誰。假如一個人因為某種原因喪失原先較高的地位，這才發現是他那種較為顯赫的地位，而不是他個人的特徵對許多朋友和同事具有吸引力的事實，這往往是令人痛苦的。

一報還一報

中國有很多「一報還一報」的因果報應故事，不過，下面這個故事卻是發生在英國的眞實事件：

有一個名叫佛萊明的貧窮的蘇格蘭農夫。一天，他聽到附近的沼澤地裡傳來一陣求救聲。他跑到沼澤地，看到一個驚恐的小孩身陷泥沼中，拚命地叫喊掙扎。佛萊明把這個孩子從沼澤裡救了出來。

第二天，一輛華麗的馬車停在他的門前。一位衣著華貴的貴族自我介紹說，他是佛萊明所救的孩子的父親。他說：「我想報答你，你救了我孩子的性命。」

「不，我不能接受報酬，」佛萊明謝絕道。

這時，佛萊明的兒子從屋裡走了出來。

「他是你兒子？」貴族問道。

「是的。」農夫自豪地回答。

「我想和你做個交易。讓我爲他提供與我兒子接受的同樣的教育。如果這個小伙子像他父親一樣，我們會爲他感到驕傲的。」

於是，佛萊明的兒子接受了最好的教育，並從倫敦聖瑪麗醫學院畢業。他的名字亞歷山大‧佛萊明，因發明盤尼西林（青霉素）而聞名全球。

幾年之後，從沼澤中獲救的貴族兒子患了肺炎。這次是什麼救了他的性命？盤尼西林。

這位貴族叫倫道夫‧邱吉爾，他的兒子則叫溫斯頓‧邱

吉爾，後來成爲第二次世界大戰時期英國最著名的政治家。

顯然，這是「一報還一報」，但又超出了「一報還一報」的俗套，和我們這裡所要講述的交換理論，有很多神似之處。

交換理論是第二次世界大戰以後逐步興起的一種社會理論。美國社會學家霍曼斯（Homans）第一個有系統地闡釋了交換理論，被認爲是該理論的創始人。他提出了交換理論的基本概念，認爲人的活動是商品，人們的社會活動就是透過物質與非物質的交換交易來追求最大利潤。霍曼斯指出，利己主義、趨利避害是人類行爲的基本原則，由於每個人都想在交換交易中獲取最大利益，結果使交換行爲本身變成一種互相進行「得」與「失」比較權衡的過程。**對個人來說，投資的大小與收益的多少，基本上是公平分布的。**

與霍曼斯不同，美國社會學家彼德・布勞（Peter Blau）的交換理論是從社會結構的原則出發，藉由分析權力問題來考察人與人之間的社會交換過程，並以此建立起自己關於社會政治關係的理論模型。在布勞看來，交換是社會生活中一個極其重要的社會過程，主要包括微觀結構中個人之間的關係，和宏觀結構中組織與團體之間的關係。

社會吸引和互惠的過程導致了交換的產生。交換過程中各方的不平衡，必然要導致地位與權力的分化。布勞運用這一理論模型，從微觀到宏觀系統地追溯了交換現象的各種發展過程及其影響：

1.由外部報酬向內部報酬的交換交易關係轉化

內部交換與外部交換之間的區別，和社會交換與經濟交換之間的區別相類似。社會交換不像經濟交換那樣需要認真地進行談判和履行合同。事實上，許多社會報酬的真實性所依賴的並不是自覺協商議定的合同。例如，處在戀愛關係中的情人或親密的朋友，在內心中往往對雙方進行交換交易性幫助的次數或數量進行「計分」。這恰恰證明了，他們之間還缺少該關係所依賴的那種內部的情感投入，也就是還沒有真正發展到情投意合的地步。如果擁有發自內心的真誠摯愛，則其幫助、友善、愛戀的舉動將是自然而然產生的。事實上，人們通常會對那種在交換交易中為了從對方獲得某種好處而無端向其提供許多讚美的諂媚者產生反感。因為在這種讚美背後隱藏的動機，破壞了作為報酬的真實性和價值。

在親密友誼和商品市場中的交換關係，所表現的分別是內部和外部報酬的極端情形。**在大多數情況下，內部和外部報酬構成的是一個連續體，即兩種報酬同時存在於同一交換行為當中。**

在我們的人生經歷中，往往會有與此相類似的情況：在一家大型公司或單位裡，一群人從創業時期起就在一起共同奮鬥，他們在很長的時間內彼此建立起很深的友誼。在他們的相互交往中，所進行的主要是內部報酬的交換交易。但是，他們彼此之間的關係也可能使他們的職業生涯以各種不同的方式發展。例如，在這一群人當中，可能有一個人會傾向於跟那些地位高的人交往，一方面是由於這種交往有著某

種內部報酬；另一方面也包含著，與地位高的人的結識和交往，能夠獲得提高自身地位的外部利益，像是某個可能的晉升機會、較豐厚的薪資等等。人與人關係的內部性與外部性的相互混合，使得人們常常不容易認清這種關係的純潔和牢靠程度。

也正因為如此，**人們通常都承認，只有當一個人「失勢」的時候，才能發現他真正的朋友是誰**。假如一個人因為某種原因喪失原先的地位，這才發現是他那種較為顯赫的地位，而不是他個人的特徵對許多朋友和同事具有吸引力的事實，這往往是令人痛苦的。

在許多內部關係的最初階段，或者是由外部關係向內部關係轉化的過程中，人們經常在一些可能的眾多交換者之間進行比較。這也說明了，交換者彼此之間的最初吸引是外部的。也就是說，想要獲取的報酬並不一定與任何一個特定的交換者有內部聯繫。在眾多的交換者相互之間反覆進行交換交易過程中，每一個交換者都反覆權衡和比較跟他進行交換交易的人，例如他們的人格特徵、聲望、知識趣味、文娛欣賞、財富、未來的發展前景等等。反過來講，正是在這種對不同者進行比較、權衡的過程中，外部關係逐漸轉化成為內部關係。

2.交換交易的不平衡性，逐步推動權力結構的產生

一般來說，交換雙方在交易過程中維持適當的平衡，有助於保證他們之間的平等地位。但現實是，在許多情況下，交換雙方在需要和資源方面的不同，會引起他們之間交換地

位的不平等，並進而導致整個交換交易的不平衡。當一個人能夠向另一個人提供利益、特別是能夠持續提供利益，而後者卻沒有能力予以回報時，則前者必然會在交換交易行為中占據優勢。這個交換者將能夠要求想在交換中繼續獲得利益的對方接受自己的影響。這就引起一個必然結果：**權力結構從不平衡的交換交易中逐漸產生**。實際上，此時交換交易的平衡、等價的實現，只能由處在低位的人以服務、忠誠、感激等作為補充物加以彌補。

對此，我們可以假設說明：A是一個需要某種幫助或支持的人，他只能從B那裡得到這種幫助或支持。但是，他自己卻沒有可提供給B的財物來吸引對方，使B願意提供幫助或支持。如果A不情願在沒有這種財物的情況下向對方求助，那麼，唯一的選擇是試圖說服B單方面提供自己所需要的幫助或支持。一般這樣做是向自己的交換交易者表示一定的依從，從而向對方求助；然而，當自己獲得幫助後，再以一種非常客氣的方式向對方表示感激。因此，儘管此交換交易並未引起權力的不平衡，但是，其中仍然包括了受益者對提供利益者表示某種默默的感謝。

我們進一步假設，A希望從B那裡連續不斷地獲得利益。從某些方面來看，A連續向B表示感謝和讚美，作為一種對B的勸誘，將逐漸變得不太合適。這是因為，如果B這樣做，意味著他付出的成本不斷提高，而且A向B表示感謝這種報酬的價值也可能由於飽和而迅速下降，最終變得不足以對B產生影響。

在這種情況下，如果要繼續保持雙方的交換交易關係，

一個最可能的結果是：一直從對方那裡獲得好處的受益者（也就是A），終將不可避免地要處於服從的地位，除非他不想繼續保持這種關係。表明自己處於服從地位的立場，實際上就是表明自己欠對方（也就是B）的情，並且要依賴對方給自己好處；一旦把自己與特別有吸引力的恩人相比較時，他會認識到，自己作爲交換者是處在較低地位的一方，或缺少吸引力的一方。由於交換交易中的不平等而引起交換雙方在地位上的差異，正意味著權力結構的逐步形成。在這一權力結構中，那些擅長向對方提供非互換利益的人，在交換交易中總會贏得較高的地位。

3.從權力結構到社會制度的形成和運行

　　從不平衡交換中產生的權力結構，會經過穩定化階段，進而形成共同的價值和規範。這時，權力結構中的領導者在確立群體的行動路線時，便能夠控制和調整其從屬者的行動。

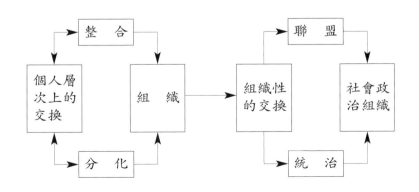

在現實社會中，交換交易總是在無數的人群和群體中同時進行。如果有兩個或更多的群體，在這些群體中各自的權力結構已經形成時，社會交換就達到了以群體為基本單位的互動交換的階段。我們會發現，群體之間、組織之間的互動和交換模式，與個人之間出現的互動和交換模式，在許多方面都表現出相同的過程和特點。透過這一過程，平衡的或不平衡的交換交易模式終將出現。**與以人為交換者的交換交易過程一樣，如果兩個或更多的群體之間的交換是平衡的，就會形成互相依賴、互相促進的關係；如果交換關係是不平衡的，則會出現地位和權力的分化。**

如果某一占優勢的群體能夠取得權力，並與一個或幾個從屬群體形成相互依賴關係，就會出現群體高度結合的情況。也就是說，占統治地位的領導人能夠控制各個從屬群體，並把這些群體凝聚成一個更大的整體，並使之產生具有凝聚性的行動路線。而社會交換交易發展到這個階段的時候，我們所看到的，就是在社會宏觀背景下，大大小小的社會集團為著自己的利益而相互磨合、妥協、聚合的景象。

交換交易構成了社會中，人與人、集團與集團之間互動的基本邏輯，構成了社會運行機制的內在邏輯。因此，我們不禁要大聲說：

朋友，勇敢地參與交換交易吧！

只有透過交換交易，才能實現你的人生目標！

愛情裡的交換交易

社會交換的突出特性

4

顯然，從某種意義上說，現實中人們所讚賞、追求的，是一種以內在報酬為基礎的交換交易（雖然這在絕大多數情況下只能是一種幻想，或許正因為如此，才顯出其珍貴）。因為，只有這樣，才能產生真正發自內心的強烈責任感，無私奉獻的精神，以及對終極社會價值的不懈追求。

　　在人們的日常經驗中，友誼似乎可以使人變得無私。但實際上，正如有人認爲的那樣，友誼只不過是利益的相互調和、善行的相互報應；簡言之，不過是利己心期待能從其中有所得益的一種交易形式。

　　與友誼本質上屬於同一種交換交易形式，即使是最純潔的愛情，也仍然可以用交換理論加以闡釋，只不過愛情是內部交換交易的一種特殊情況而已。因爲在這時，一個人給予另一個人報酬，不是爲了按比例獲得外部利益，而是爲了證實他自己的責任感、義務感，並且促使對方對彼此之間的交換交易行爲也產生責任感、義務感。

　　有一位外國學者曾寫了一本專門論述愛在一個人生活中的力量的著作，以下摘錄其中的一些格言。你或許能夠從中體會到：**即使是最無私的愛，也要遵循交換定律！**

- 尊重你的鄰人，世人將尊重你。
- 傷害自己，也就傷害了鄰人。
- 尋求愛的人將會發現，只有給予愛，才能獲得愛。
- 一個人財富的多少，要看他貢獻的多少。
- 朋友使你的生活變得充實，你亦應使朋友的生活變得充實。
- 你從世人那裡取走多少，世人也將從你那裡取走多少。
- 爲要獲取，你首先獻出自己；世人亦將如此待你。

戀愛遊戲中的交換交易

假設有一對正處在戀愛中的少男少女，我們就來想像一下倆人戀愛遊戲中的交換交易吧。

我們姑且叫這位少年爲小王，少女爲安娜。一個偶然的機會，小王和安娜相遇、相識。在交往一段時間後，安娜所產生的吸引力，在小王的心目中日益變成「唯一」。我們發現，這位少年已經墜入情網：換言之，在小王心目中，安娜作爲一份不易獲得的、極令人嚮往的愛情財富的感覺越來越強烈；同時，安娜的言行也強烈暗示，只要小王眞心付出足夠的「代價」，要贏得她的愛情這一豐厚「回報」並非無法實現。就這樣，小王的愛情之火被點燃了。

安娜強烈的吸引著小王，使他爲了贏得她的愛情而服從她的意願，並且渴望給她留下深刻印象和使她高興，以便激發一種能保證他獲得這些報酬（安娜的愛情）的交互情感。但是，在他剛剛墜入情網的時候，讓小王十分焦躁不安、甚至有些沮喪的是，他發現安娜同時在許多男孩子當中大受歡迎。小王面臨著許多強有力的競爭對手，安娜在做出一定的愛情許諾之前，可以進行較充分的權衡、比較。小王意識到，這種情形無疑使自己在倆人的愛情交往上處於較不利的地位。這是因爲，相對於安娜來說，小王繼續保持和加強雙方關係的傾向較強烈；而陷得比較淺的安娜無形中就具有了某種權力。例如，小王發出了10次的約會邀請，但安娜可能只接受3次，甚至更少；但即使是這樣，仍然讓小王滿懷歡

喜，畢竟，安娜掌握著主動權。從本質上看，這與社會現實中，人與人之間的不平等關係具有某種相似性。

早期戀愛遊戲中的交換交易

	代　價	報　酬
小王	・大量的時間、精力和金錢 ・做她喜歡、而不是自己喜歡的事情 ・不能與別的女孩過多交往 ・表明自己從屬於對方的地位 ・有時候還要作出某種巨大犧牲 ……	・贏得與對方約會、交往的機會 ・日益充分地證明自己的吸引力 ・從與對方約會、做事等交往中得到快樂 ・贏得對方日益明確的愛情暗示，甚至承諾 ……
安娜	・投入一定的時間、精力和金錢 ・喪失與其他男孩約會和交往（有可能是同樣好甚至更好的戀愛對象） ・越來越明確地表示自己的愛情承諾 ……	・證明自己的魅力，贏得對方的權力地位 ・從與對方約會、做事等交往中獲得快樂 ・贏得對方日益增強的感情和責任感 ……

　　隨著時間的增加，小王越來越贏得安娜的歡心。隨著倆人相互情感依賴性的日益增強，伴隨著對其他少年和少女的排斥（減少甚至排斥與其他少年少女的交往，這顯然也是一

種代價）。而這時，少年小王顯然從爲自己心愛的人做事當中，獲得了強烈的愉快感；有時，爲了討安娜開心，還願意爲她作出巨大的犧牲。可見一個人越是愛另一個人，就可能越專心致志使另一個人高興。慢慢地，安娜就可能會鼓勵小王送她禮物和爲她做事情，這些基本上不是出於對物質利益的興趣，而是爲了培養他對她的感情。

最後，少女安娜由於被少年小王所愛而體驗到的滿足（如果她也愛他的話）就會大大增加，這可能無意識地促使她傾向於回報他的愛。這樣，雙方在戀愛的早期階段形成的不平等交換關係，會變得越來越平等，越來越具有明顯的雙向互動性。這時，一對比較穩定的戀愛關係逐漸形成。同時，在這一對趨向持久發展的相互依戀關係中，對對方的感情和責任也隨之增強，甚至成爲長達一生的深刻內在依戀。

社會交換的特殊性

社會交換與經濟交換有相似之處，但也有很多不同的地方。例如，商人與顧客的交往是一種經濟交換，這對於他來說只是做生意賺錢的手段；但是，當這個商人與他所愛慕的女性交往時則是一種社會交換形式。顯然，二者是大不相同的。雖然戀愛中的交換交易是社會交換的一種特殊形式，但它還是能夠明顯地把社會交換與經濟交換區別開來。

1. 經濟交換涉及交換雙方之間明確的義務，而社會交換所涉及的則是未作具體規定的義務。例如，一次商品交換或商業契約所依靠的是一份正式合約，它規定了有待交換商

品的準確數量、質量和其他要求。而社會交換則不同,它所涉及的原則是:一方施恩給另一方,儘管是出於對未來回報的期望,但它的確切性質、內容等,在事前並沒有作明確規定。

2. 一般來說,經濟交換對履行各自義務的時間有明確規定,而社會交換所涉及的時間並不明確。商業合約的履行規定有明確的時間界限,而日常生活中,買賣商品更是「一手交錢,一手交貨」。社會交換與此則不同,一方對另一方表示友好或者幫助,並不總是要求立即得到相應的回報。事實上,社會交換所得到的回報,往往需要經歷相當漫長的時間,甚至可能等到自己的下一代才得到回報。

3. 經濟交換進行討價還價,而社會交換則基於彼此之間的信任。經濟交換的雙方處於平等互利地位,各自具有相當眾多的交換者,所以在交換過程中容許討價還價。社會交換則是基於信任,並且在自我計算「付出」與「回報」之後的一種「自願」行為。

4. 經濟交換通常不涉及個人,而社會交換會引起個人的責任、義務、感激和信任。例如,一個人花100元買了一件商品,他並不會因此而對賣者產生某種好感。因為他付出的100元與商品相抵,兩相抵銷了;而且這件商品由甲或乙提供,其價值相同。社會交換則不同,當一個處在較高地位的人對一個地位較低、且正處在窘迫當中的人施以援手,對方通常都會產生發自內心的感激,甚至是終身感恩。而且,完全相同語言的評價、感謝或某種幫助,由不同的人提供,對於接受者來說其意義往往不同。

　　根據前面的描述，我們得出這樣的結論：**深刻的內在依戀，從根本上改變了人際關係中的交換交易**，基本的區別是在分別以內部報酬和外部報酬爲基礎的兩種交往之間。第一種交往被參加者看作自在的目的，相互提供報酬是重新肯定和維持交往本身的手段；而第二種交往被參加者看作是爲了實現某些目標、即各種外在報酬的一種手段。顯然，**從某種意義上說，現實中人們所讚賞、追求的，是一種以內在報酬爲基礎的交換交易**（雖然這在絕大多數情況下只能是一種幻想，或許正因爲如此，才顯出其珍貴）。因爲，只有這樣，才能產生眞正發自內心的強烈責任感，無私奉獻的精神，以及對終極社會價值的不懈追求。

5

威尼斯商人的啓示

複雜情境中的交換交易故事

本章暗示我們：如果一個社會純粹以經濟
交換交易原則作為準則，那麼，這個社會將不
是健全和諧的社會。實際上，我們須認識到，
如果經濟交換交易原則被引入到社會交換交易
領域的時候，多半會帶來有害的後果。

前面，我們已經分析了經濟交換交易與社會交換交易之間主要的一些不同點。同時，我們也要清楚意識到，現實生活中，**社會交換交易與經濟交換交易分屬不同的兩個方面，同時並存於同一行為或事件當中**。對此，我們不妨以莎士比亞的名著《威尼斯商人》為例，作進一步說明。

有一位年輕人巴薩尼奧為了維持體面，把微薄的產業揮霍殆盡，因此常常向自己的好友、威尼斯商人安東尼奧借錢。對於朋友的請求，慷慨仗義的安東尼奧從不回絕。這一次，因為要向貝爾蒙特的名門閨秀鮑西婭求婚，巴薩尼奧急需用錢，又來請求安東尼奧相助。這時，安東尼奧的貨船已經遠航，全部財產都在海上，他手頭既缺現金，也沒有可以換現的貨物。因此，安東尼奧不得不以自己的名義向猶太人高利貸者夏洛克借3000元。

安東尼奧是一個商人，但他並不是眼中只有錢的人。事實上，他借錢給人家時從不收利息，他的行為影響了夏洛克的利息收入。而且，安東尼奧曾在商人集會的場所當眾辱罵過夏洛克，所以夏洛克對安東尼奧早就有「深仇宿怨」。當安東尼奧要向他借錢時，夏洛克的第一個想法就是要趁機報復。他表示，借錢可以，而且不收分文利息，但必須寫下借據，規定借期為三個月，屆期如果不能還清本金，就要從安東尼奧身上割下一磅肉。安東尼奧為了替朋友解難，心想過兩個月自己的貨船即可返回，到時便可償還這筆借款，於是就簽了借據。

巴薩尼奧鍾情於鮑西婭，而他也給鮑西婭留下了良好的印象。然而，鮑西婭的父親臨終時曾立下遺囑：女兒的求婚

者要通過抽籤的方式，在金、銀、鉛三個匣中選中預定的一只，才能與鮑西婭成親。鮑西婭曾這樣慨嘆：「一個活著的女兒的意志，卻要被一個死了的父親的遺囑所箝制」，但她仍然遵從父命。讓她感到欣慰的是，從別的國家前來求婚的幾個王孫公子都望「匣」卻步，已決定回國；摩洛哥親王和阿拉伯親王分別挑了金匣和銀匣，均未選中。最後，還是她心儀之人巴薩尼奧選中預定的有她照片的鉛匣。眞可謂是有情人終成眷屬，倆人得償所願。

在動身去求婚之前，巴薩尼奧設宴招待客人，夏洛克亦被邀請參加。趁著這個機會，夏洛克的女兒傑西卡與其基督徒情人羅蘭佐私奔並皈依基督教，臨走時還捲走了她父親的許多金銀財寶。夏洛克得知此事，氣急敗壞，沿街大呼小叫、亂跳亂喊。也就在這時，人們正議論著一則傳聞：安東尼奧的一艘滿載貨物的船隻在海裡翻覆了。當人們向夏洛克打聽消息時，夏洛克雖心裡還想著女兒私奔的事，但對安東尼奧商船出事的消息幸災樂禍。他明明白白地說，如果安東尼奧不能按約償還借款，非要割下他的肉、挖出他的心不可。因為安東尼奧曾羞辱他，奪去他的生意，譏笑他的虧蝕，挖苦他的盈餘，誣蔑他的民族，破壞他的買賣，離間他的朋友，煽動他的仇敵。他認為，只要威尼斯沒有安東尼奧，「生意買賣全憑我一句話了」。

巴薩尼奧正在慶賀向鮑西婭求婚成功的時候，有人送來安東尼奧給他的信。安東尼奧在信中寫道，自己的「船隻悉數遇難，債主煎迫，家業蕩然。猶太人之約，業已愆期，履行罰則，殆無生望。」只求死前與好友巴薩尼奧再見一面。

　　足智多謀的鮑西婭當下決定，由巴薩尼奧帶上一筆巨款去搶救安東尼奧。待巴薩尼奧一走，她隨後就和侍女尼莉莎改扮男裝，急急奔赴威尼斯。

　　法庭上，夏洛克一再請求威尼斯公爵主持公道，依約執行處罰。公爵竭力勸說夏洛克，要他顧及安東尼奧最近接連遭受的巨大損失，放棄對安東尼奧的處罰；巴薩尼奧也提出，願以6000元即雙倍的金錢來償還債務。然而夏洛克卻一一予以拒絕，並且使勁地磨刀。

　　公爵十分為難，他約請培拉里奧博士參加審訊此案。培拉里奧博士正是鮑西婭的表哥，他已經從表妹的信件中得知事情原委，便以身患疾病為托詞，向公爵推薦鮑西婭代審此案。法官先是希望夏洛克發點「慈悲」，接著提出讓安東尼奧照借款三倍的錢還他以了結案子，但夏洛克絲毫不為所動，他一心要的是安東尼奧的命。他甚至還揚言：「就是把整個威尼斯給我，我都不能答應。」於是，法官向夏洛克宣布：「你必須從他的胸前割下這磅肉來；法律許可你，法庭判給你。」夏洛克誇獎博學多才的法官判得好。

　　然而，正當夏洛克準備割肉時，法官又向他宣布：「這契約上並沒有允許你取他一滴血，只是寫明著『一磅肉』；所以你可以照約拿一磅肉去，可是在割肉的時候，要是流下一滴基督徒的血，你的土地財產，按照威尼斯的法律，就要全部充公。」

　　這一點，可是夏洛克怎麼都料想不到的。他驚慌異常，先是提出願意接受照借款三倍的錢付他的債，緊接著又退一步，表示只想要收回本錢。但是，法官堅持要夏洛克「冒著

你自己生命的危險割下那一磅肉」。夏洛克意識到自己已無法支撐下去，表示不打這場官司了。法官乘勝追擊，又向夏洛克宣布了威尼斯的一條法律：「凡是一個異邦人企圖用直接或間接手段，謀害任何公民，查明確有實據者，他的財產的半數應歸受害的一方所有，其餘的半數沒入公庫，犯罪者的生命悉聽公爵處理，他人不得過問。」公爵赦免了夏洛克的死罪，宣布將夏洛克的一半財產沒入公庫，一半歸受害人安東尼奧所有。安東尼奧提出要接管夏洛克的一半財產，以待夏洛克死後，把財產轉交給他的女兒傑西卡和女婿羅蘭佐，並要夏洛克就此寫下文契，還要他立即改信基督教。無奈之下，夏洛克只得一一照辦。

就在這時，傳來安東尼奧的商船滿載而歸、平安抵港的消息。故事在歡樂的氣氛之中結束。

整個故事在不同的線索中平行發展，而且也始終在社會交換交易與經濟交換交易的相互交織中，激發出一波又一波戲劇性的高潮。

與莫里哀《慳吝人》中的阿巴貢、巴爾扎克《歐也妮‧葛朗台》中的葛朗台一樣，夏洛克已經成為世界文學作品中最有名的吝嗇鬼形象。在一磅肉的訴訟中，他自恃有約在先，在法律上占盡先機，於是凶相畢露、殺氣騰騰，連對當地最高的統治者威尼斯公爵也敢句句頂辯，毫不退讓，完全是一個殘忍、固執、冷酷無情的復仇者。他為了消滅對手，為了今後更大的利益，連視為生命的錢都可放棄。因此，他在法庭上的固執和殘忍，實際上正是他唯利是圖的本性表現。在鮑西婭面前，他利令智昏，一步一步地走向失敗，卻

自以為即將得逞，於是他對鮑西婭百般奉承和頌揚。當一旦明白陷入困境以後，金錢又立即成了他追求的主要目標，他甚至只要收回本錢就行。接著當他的財產被宣布充公，夏洛克就不由得哀嘆道：「把我的生命連著財產一起拿去吧」、「你們奪去了我養家活命的根本，就是活活要了我的命」。整體來看，夏洛克就是貪婪、吝嗇、殘忍、固執、冷酷無情的化身。

我們再來看鮑西婭、安東尼奧、巴薩尼奧。安東尼奧是一個商人，更是一個講求友誼與信譽的朋友。他不僅借錢給人從不要利息，甚至還甘願冒割肉的危險向夏洛克借錢，以幫助自己的朋友。他即將受到可怕的刑罰，卻始終「默認」、「迎受」，繼而要求「爽爽快快」地就刑，為了友誼「從容就死」、「死而無怨」。物以類聚，人以群分。同樣地，為了救自己的朋友，巴薩尼奧也甘願喪失自己的一切。鮑西婭更是崇尚正義，注重友情。她得知安東尼奧將遭厄運，立即全力以赴設法營救，她那超群出眾的才智在這場法庭辯論中更是發揮得淋漓盡致。

經濟交換V.S.社會交換

在整個故事中，我們一再地感受到，在經濟交換交易與社會交換交易準則下的兩種行為模式的交鋒。

夏洛克之所以堅持要安東尼奧履行極其苛刻的約定，而安東尼奧也坦然接受，就是我們前面已經說明的，基於經濟交換交易的特性：**經濟交換涉及雙方之間具有明確內容和時**

間的義務責任關係，且這種義務基於法律而產生，並得到法律的保障。

當威尼斯公爵反覆勸告他放棄割下一磅肉的權利時，夏洛克「理直氣壯」地回答說：「無論你說得多麼婉轉動聽，都沒有用。」、「我自己做的事，我自己當！我只要求法律允許我照約執行處罰。」、「要是殿下不准許我的請求，那就是蔑視憲章。」而安東尼奧慨然赴死，也是基於對法律的信任和尊重。在這裡，我們看到的是，一個人在按照經濟交換交易準則行事時，可能具有的唯利是圖、冷酷無情、毫無人性的一面。

與之截然不同的是，鮑西婭、安東尼奧、巴薩尼奧是按照社會交換交易的準則行事。他們的行為主要是基於社會交換交易而產生的高度友誼、信任和責任。他們所交換的是一種道德性的東西。但是，即使這樣，**社會交換交易要取得良好效果，還必須講求策略**。安東尼奧慷慨助人、見義勇為、重情重義，但面對尖銳的鬥爭形式不能鬥爭、不會談判，有軟弱、妥協的一面；巴薩尼奧見義勇為、重情重義，但不懂得談判策略，表現得較軟弱；只有鮑西婭博學細心、精明能幹、足智多謀、落落大方，終於能夠制服夏洛克。

社會交換交易與經濟交換交易往往相互交織。威尼斯商人故事的結局讓人高興，其實質乃是在二者的交鋒中，社會交換交易的原則占了上風。這就暗示我們：**如果一個社會純粹以經濟交換交易原則作為準則，那麼，這個社會將不是健全和諧的社會**。實際上，我們須認識到：如果經濟交換交易原則被引入到社會交換交易領域的時候，可能會帶來有害的後果。

成功企業家的21條準則

　　這是一位企業家對自己從事商業活動的一個經驗總結。把這些準則放在這裡，並不意味著其中的所有觀點都禁得起推敲。但是，從交換理論視角來看，其中透露出來的信息，確實值得我們認真思考。

1. 不要輕易相信合約或契約。
2. 你自己必須守信，一諾千金，但對不守信的人例外！！
3. 你能贏得起、但你可能輸不起的生意，最好不做！
4. 不要一開始就投入太多，給自己留夠底牌。
5. 天下無事不可為，但企業家有所為也有所不為。
6. 慎重選擇合作夥伴。
7. 不要在你的團隊裡有你家庭成員的影子。
8. 不要與和你有利益衝突的異性上床。
9. 不要和你的另一半談論工作上的商業細節。
10. 你可以行賄，但不要做污點證人，特別是不要到法庭去舉證。
11. 不要逃漏稅，但要學會合理避稅。
12. 你可以利用新聞記者，但不要相信記者。
13. 不要耍大牌，哪怕你真的是大牌。
14. 保持中立，不要捲入政治派系紛爭。
15. 不要太在乎金錢與利益得失。
16. 不要用太多金錢裝飾自己。
17. 資本決定發言權，但你不要輕易讓別人知道你有多大的發言權。
18. 總結別人的成敗得失，但國外的案例你可以不用理會。
19. 不要用黑白道的規矩去解決商業上的衝突。
20. 在能掌控全局的前提下，不要追求事必躬親。
21. 給自己留條後路，預防眾叛親離。

耕耘人生的牛和犁

第一個交換定律

權力並非屬於個人，財富也不會自然集中
在富者身上，聲望更不是任何人格的内在屬
性。要想聲名顯赫，要想富甲天下，要想權傾
天下，就必須進行交換，只有透過交換交易，
才能實現自己的目標！

有一位著名學者曾經說：如果讓美國100名最有權的人、100名最有錢的人和100名最有名的人，遠離他們現有的地位，遠離人際關係和金錢，遠離目前聚焦在他們身上的大眾傳媒，那麼，這些人將變得一無所有，沒有權勢、沒有金錢、也沒有聲望。為什麼會這樣？究其根本，就在於這樣做等於剝奪了他們交換交易的全部資源，切斷了他們進行交換交易的管道。因此，權力並非屬於個人，財富也不會自然集中在富者身上，聲望更不是任何人格的內在屬性。要想聲名顯赫，要想富甲天下，要想權傾天下，就必須進行交換，只有透過交換交易，才能實現自己的目標！

要占據交換交易的有利地位，牢牢把握一切有價值的機會，就一定要確實遵循交換定律行事。

我們需要掌握的第一個交換定律是：

定律一　價值實現定律

追求社會報酬是人們社會行為的基本動機，而交換交易則是實現社會報酬的基本途徑。

在一場足球比賽中，獲勝隊的隊員及其球迷會感到高興，而失敗隊的隊員及其球迷則恰恰相反，會感到失望、產生強烈的挫折感。獲勝與失敗情緒的強烈還常常會達到某種極限，例如引起球迷鬧事、發生騷亂等。這個現象說明了，一個人在社會交往中得到的報酬，往往會使其他人付出一定的代價。但是，這並不意味著大部分交換交易都涉及零和遊

戲，相反地，人們之所以透過社會交換形式進行相互交往，是因為他們都能從交往、交換中得到某種益處。而這也正是人們進行社會交往的動機：**社會交換能夠帶來社會報酬，追求社會報酬是人們社會交往的基本原則**。

　　進一步看，我們還會發現，基於人們追求利益最大化的理性主義原則，在交換過程中，人們在各種可供選擇的潛在夥伴或行動路線中進行選擇──按照自己的偏好等級，對其中每一個人或行動的體驗或預期的體驗作出比較、評價，然後選出最好的、能夠給自己帶來最大利益的交換夥伴。

三種交換交易關係

　　我們不妨從三種類型的交換交易關係來進行分析：

　　1.外部型關係。

　　從某種意義上來說，經濟交換是一種最典型的外部型關係。正如馬克思在描述資本時，曾經極生動地描述：「一旦有適當的利潤，資本就膽大起來。……有50％的利潤，它就鋌而走險，為了100％的利潤，它就敢踐踏一切人間法律；有300％的利潤，它就敢犯任何罪行，甚至冒絞首的危險。」經濟交換交易的強勁動力就在於追求和實現最大化的利益，這是不容置疑且顯而易見的。

　　2.混合型關係。

　　混合型關係中，既有外部交換交易的內容，又包含著內部交換交易的成分。具體來說，日常生活中，人與人在物質性的交換交易過程中，伴隨著感情、信任等非物質性因素的產生和強化，往往表現出一種混合型的關係。馬克思曾說：

「假定人就是人，而人同世界的關係是一種人的關係，那麼你就只能用愛來交換愛，用信任來交換信任。」這句話一方面揭示出，人際感情（像是對他人的愛、信任等）是可以交換的；另一方面也告訴我們，付出感情、信任和責任，也是為了得到同樣的、甚至是更大量的感情、信任和責任。但是，在此一感情、信任和責任的付出過程中，還可以獲得外部性的回報。

我們可以用下列步驟和過程來說明這一點：

第一步：A有B想獲得卻缺乏的資源C，例如，一項巨大的工程合約；

第二步：B希望能夠從A處得到C；

第三步：為了得到C，B必須用A需要而缺乏的資源D（如對A無私的奉獻、服從、忠誠，同時還包括金錢上的付出等）進行交換。否則，B就無法獲得C，或者即使獲得也會受到消極性制裁；

第四步：B對A出現了奉獻、服從、忠誠行為；

第五步：A接受D，並開始進行交換交易；

第六步：A以C與B的資源D交換；

第七步：B獲得A的資源C。

透過這種交換交易，雙方都獲得了自己所需的結果，達成了雙贏結局。而且，二者的關係也可能由混合型向內部型發展。

選民投票行為的成本與收益

在經濟學家眼中，選民是否參加投票，主要取決於三個密切相關的因素：一是其參加投票的效益和成本，二是其投票對公共選擇發生影響的可能性，三是利益團體的壓力。其中，參加投票的收益，來自於選民從行使公民權利中所獲得的利益和滿足。主要包括：

(1)透過投票獲得一種履行義務和責任的心理滿足；

(2)參與政治活動的榮譽感的滿足；

(3)給予自己最喜歡的候選人或政策以支持而帶來的心理愉悅；

(4)選民自我能力應驗的滿足感。

參加投票的成本，可分為與投票行為本身有關的費用、時間和精力，以及決定參加投票而收集信息所需的費用、時間和精力。每個選民的偏好強度不同，因而其成本也有差異，但通常人們都會考慮收益與成本的關係，只有在參加投票有淨效益的情況下，投票者才會樂於參加投票。

3.內部型關係。

在人際關係中，真正親密無間的感情是一種比較典型的內部型關係。一般而言，我們都承認人與人之間的，特別是兩性之間的感情關係，是自從有人類以來就存在的最美好和最深沉的情感，這一情感可以使人變得無私、變得富有奉獻／犧牲精神。但是，這種無私的奉獻從根本上講，仍然有一

個基本的前提：即奉獻的一方對維持和接受奉獻的另一方的愛情感興趣。也就是說，所謂愛情中的奉獻和犧牲總是以另一方值得你去奉獻或犧牲為前提的。「犧牲」和「奉獻」意味著「付出」代價，而「值得」則是在權衡「代價」和「收益」基礎之上的價值判斷。譬如，我們常常用「相親相愛」來稱讚一對夫妻的親密和諧。這個詞本身就表明，感情是相互的，雙方在進行情感的雙向互動與交換。所謂「求愛」，指一方愛上另一方，並透過種種方式、符號向對方表明己方的感情，以期得到對方的認同和感情上的回報，使得這一感情交換能順利完成和持續下去。

我們還可以換一個角度，以社會生活的「奉獻」為例，來說明內部型關係的驅動機制。我們知道，一個行為要稱其為奉獻，大致要滿足兩個要素：一是這個行為涉及本分之外的犧牲，二是它有一定價值和貢獻。作為一種社會交換，奉獻精神作為一種道德激勵和道德引導，本身即為一種社會價值和回報。從個人的角度來講，一個人的奉獻如果得到社會的承認、他人的尊敬、良好的人際關係，那麼這就是對他的回報。相反，如果做了好事還引來周圍人的非議，那麼這種吃力不討好的事情誰還會無怨無悔地去做呢？如果奉獻行為缺乏相應的激勵，再次奉獻的機率就比較小。事實上，**不論最初主觀上有無這種動機，即有意識地追求名譽等，但一旦自己的行為贏得了名譽，就使之進入一個強化循環，即追求某種利益的軌道**。因此，奉獻過程也就成為一個收穫的過程、價值實現的過程。

社會金字塔爲什麼如此穩固

第二個交換定律

7

秦漢乃至以後的歷朝歷代，迄未忘記把「普天之下」的一部分土地，賜封其親故。除此之外，厚祿與高官總是相連的。聰明的統治者，往往不但破格賜贈以結臣下的歡心，甚至鼓勵貪污侵占以消磨野心者的壯志。

社會金字塔結構在中世紀的西歐社會為典型代表。

中世紀的西歐社會為貴族統治社會，整個社會的等級性和集團性非常明顯。貴族作為維持統治的階級結構，注重譜系，強調封號，看重出身，構成一個封閉的貴族集團。為了維護自己獨特的地位和身分，除了政治地位、權勢等方面外，貴族還在社會生活各方面表現出獨特的特性：

一是表現在衣食住行方面。

在服飾上，衣服的顏色、款式均以法律形式作出規定。非貴族者不得穿金戴銀，不能穿絲絨、毛皮衣服。農民只能穿黑、灰兩色。

在飲食上，有限制和經濟實力兩種區別。譬如，孔雀、鹿肉、天鵝等野味就屬於限制方面；而且，因為野味氣味大和當時儲藏技術的落後，從東方長途運輸而來的香料幾乎與黃金等值，成為當時貴族的專利。

在居住方面，中世紀貴族主要是土地貴族，他們大都擁有自己的莊園，在莊園中心有貴族的住宅，但主人不會長住；另一處則是代表權勢與作為居住地的城堡，一般建立在山上，是易守難攻之地，以防衛性為主且代表權勢。

二是表現在婚姻家庭狀況方面。

中世紀貴族的婚姻為政治婚姻，貴族結婚的目的是為了延續後代和加強貴族家族之間的聯繫。一椿婚姻可使雙方結成聯盟，化解矛盾。因此，貴族長子多考慮政治因素；而無繼承權的次子則考量經濟利益，所以當時追求寡婦就成了一種習俗。

總之，貴族的生活方式、觀念都和其他階層不同，貴族

只與貴族聯繫，生活習俗固定、聯繫固定。在封閉集團內大家共有貴族意識，並通過法律規定使其確立，使階層固定，與其他階層形成明顯的界限。到了中世紀的中期，貴族階層的意識更加明顯：貴族有意識地與其他社會階層劃分界限，且開始更加注重譜系。

無獨有偶，社會金字塔長期處於穩定狀態的現象，在我國古代歷史上也曾有十分突出的表現。中國著名學者王亞南在其名著《中國官僚政治研究》一書中，就「門閥世家」所進行的精闢分析，帶給我們很大的啟示。他說：「秦漢乃至以後的歷朝歷代，迄未忘記把『普天之下』的一部分土地，賜封其親故。除此之外，厚祿與高官總是相連的。聰明的統治者，往往不但破格賜贈以結臣下的歡心，甚至鼓勵貪污侵占以消磨野心者的壯志。譬如，漢高祖對『蕭何強買民田宅數千萬』所表示的優容安慰心情；宋太祖勸石守信等『多積金帛田宅，以遺子孫』的深謀遠慮打算，都一再說明在封建專制社會中，皇帝對其臣下，或其臣下對於僚屬所要求的只是『忠實』，而不是『清廉』，至少兩者相權，寧願以不清廉保證『忠實』。結果是，做官就有機會發財，有官就有財，有財就有土，有土就有社會勢力和身分，而這又反過來成為知識獨占的前提。於是，各種社會交換資源朝高度集中化發展，社會金字塔日益趨向形成和穩固。」

在這裡，王亞南得出了自己的結論：「總之，門閥的地位是積極養成的。」我們不禁要問，什麼是「積極養成」？如何「積極養成」？分析歷史，這乃是積極地透過交換交易而達成的。王亞南接著指出：需要清楚的是，任何一種固定

等級身分的形成，都不是一朝一夕的事。漢朝前後統治400年，雖中經王莽篡亂，但很快就中興起來。同一王朝統治如此之久，其間又有相當長期的承平安定局面，這樣，身處在統治上層的官僚們，無形中會從生活習慣、累世從政經驗，乃至相伴而生的資產積累等方面，產生與眾不同的優越感和階級意識。而他們藉以經世的儒家學說，更大大助長了優越階級意識的養成。他們在法律上獲得種種特權，享受著高官厚祿，做官發財，大量購置土地，退休後就成了地方的豪紳，死後留給子孫。他們創造了一種生活水準和文化水準，夠得上這水準就能成為一個世家。既是世家，子孫便該世世做官，宗族便該代代顯赫，同宗同族便該團結互助，提攜鄉黨後進，在本地成為一個名門或望族。他們闡揚並實行儒家的宗族道德觀念。他們自以為自己的地位，相當於封建時代的貴族階級，所以借用很多古代的宗法觀念、禮儀習俗，運用在自己生活裡面。這樣，到了漢末，名門世家的宗族團結及強烈的宗族觀念最終得以形成。

　　不只是中世紀的西歐社會，也不只是中國歷史上的門閥世家，事實上，社會金字塔現象存在於任何時代、任何社會。我們或許可以斷言，任何社會都矗立著有形或無形的社會金字塔，只不過其具體形式有所不同而已：不同的社會層級之間存在著巨大的、你可能一輩子也跨越不了的鴻溝。正如有人曾經指出的，在美國的每一個市鎮和小城，都構成為一個金字塔結構：處在其底部的是廣大平民百姓和工人，往上則是中產階級，而屹立在金字塔頂端的是一個人數很少的上流家族圈。這個圈子的成員所占有的，遠遠超過當地的其

他一般人。他們緊密團結，對自己是主流家族的主流階層非常在意。通常他們的子女從私立中學畢業後，全都進了知名大學；之後彼此聯姻，或者與其他市鎮中類似家庭出身的子女結婚。等他們完美結合以後，他們就逐步邁入爭權奪利和出謀劃策階段。譬如，來自當地一流家族的醫生有兩個兒子，一個正在一家大公司實習，一個正準備和當地第二大資本家的女兒結婚，並有可能擔任下一任地方檢察官……

這些現象所展現的，實質上就是我們應當了解的第二個交換定律：

定律二 金字塔定律

交換交易具有形成和鞏固社會金字塔的自然傾向。

這一定律，在絕大多數社會和絕大多數情況下，都發揮著決定性影響，成為人們日常行為模式中所認同和遵循的規則。當然，在資源分布呈現不同特點的不同社會中，社會金字塔的生成方式也表現出不同的特點：

社會資源呈累積性分布特徵的社會

交換交易一般在同一層次內部或相近層次之間進行，且較高層次對較低層次具有較明顯的排斥性，這使得社會金字塔具有超穩定的結構特徵。

彌散性分布特徵的社會

不同社會群體，尤其是擁有某種資源優勢的不同群體，具有利用各自的優勢進行交換交易的強烈動力，客觀上形成某種互助性或「勾結性」聯盟，以保持和強化各自的優勢地位。其長遠趨勢同樣是穩定的金字塔結構。我們耳熟能詳的「勾結性」聯盟，就是金錢階層與權力階層相互進行的一種交換交易。

當然，以上兩種模式構成了交換交易的基本類型，但是，任何一個社會都不是純粹的，換言之，都是混合型的。因此，這就引出了第三種基本的交換交易類型：不平衡結構中的交換交易。

下面，我們以中國歷史上河東裴氏家族的故事，來作一個很好的注解。

1953年，中共中央在成都召開政治局擴大會議。期間，與會代表到武侯祠參觀。當時，毛澤東主席看見了蜀國諸葛武侯祠堂碑，碑文的撰寫者是唐代名相裴度，頓時心生感慨，回頭瞧見參加會議的山西省委書記陶魯笳，問他：「你知道中國歷史上哪個縣出宰相最多？」沒等陶魯笳回答，毛澤東就微笑著告訴他：中國出宰相最多的就是他治下的山西省聞喜縣。裴度是唐朝的宰相，字喜人。裴氏家族千年榮顯，是歷史上最有名的家族。

長期以來，中國一直是一個官本位的社會。這樣的社會傳統，導致幾乎每個家族都曾經有過當官的夢想。最直接的，就是「學而優則仕」，實現「朝為田舍郎，暮登天子堂」

的捷徑；次一等的，則爲「商而優則仕」，經商賺得大把銀子，也可以弄個官帽子戴戴；最末的，乾脆占山爲王，一旦成了氣候，可以自己當皇帝過過癮，實在不行的話，還可以接受招安弄個一官半職。對於一個家族來說，出過一個宰相，已屬不易。而裴氏家族千年榮顯，竟一共出了59位宰相，59位大將軍，14位中書侍郎，55位尚書，44位侍郎，11位常侍，10位御史，25位節度使、觀察使、防禦使，77位太守，21位駙馬，68位進士（其中狀元及第5人），實爲中國歷史上獨一無二的奇觀！

裴氏家族中，唐朝一代賢相裴度，更爲世所傳頌，名垂青史。在唐代政治家中，裴度的名字完全可以與唐初的名相魏徵等人相提並論。他從青年時代便胸懷壯志，正氣凜然。其一生最大的功績，就是竭盡畢生精力一次次地削平藩鎭割據勢力，特別是在平定淮西藩鎭吳元濟叛亂中，立場堅定，力挽狂瀾，功績卓著，使唐朝又一次獲得統一，出現了「元和中興」的政治局面。

馮夢龍所編《喻世明言》有一個「裴晉公還帶」的故事，記載的就是裴度的一件軼事：傳說裴度身材瘦小，貌不驚人，曾經有相士給他看相，說：「縱理入口，法當餓死。」他並不在意。後來有一天，裴度閑遊香山寺，無意間在一個井亭欄上拾獲三條寶帶。他想：這一定是他人遺失之物，如此貴重的東西，失主一定找得很著急，我不能昧了良心，做人要堂堂正正，才是大丈夫所爲。因此，他便坐在井亭上苦等回來尋金帶之人。過了很長時間，終於有一婦人邊哭邊四下尋覓而來。裴度詢問婦人爲何帶三條寶帶，婦人哭著告訴

他，這是用來爲陷入牢獄的老父親贖身，裴度立即交還三條寶帶。婦人乃千恩萬謝而去。不久，裴度又遇到原來給他算卦看相的那個相士。相士一看大呼，說裴度相法大度，日後定將富貴兩全。這個故事又一次印證了這樣的道理：**只要有付出，就會有收穫；這個收穫，甚至還足以改變「天命」所決定的個人命運。**

作爲一個十分罕見的獨特歷史文化現象，裴氏家族千百年的興隆與輝煌，不能不引發人們的深思。追溯裴氏家族經久興盛的原因，明末清初大思想家顧炎武曾總結爲三點：一是聯姻，二是世襲，三是自強。而這三要素，無疑說明了交換定律的眞諦。我們不妨具體來分析一下：

首先，從聯姻和世襲來看。在貫穿歷史的長期過程中，裴氏大家族，上自皇后、王妃，下至太子妃、駙馬，透過聯姻方式和皇帝搭上親戚關係的就多達95人。另外，還有大量的蔭襲之輩。而且，裴氏家族的人十分講求互相提攜，後人也以前輩爲榜樣而向祖先學習。因此，**一方面，是橫向與掌握絕對權力的皇親國戚進行交換交易；另一方面，是縱向在家族內部進行世代之間的交換交易，形成最爲嚴密的「關係網」，使裴氏家族歷經時事變遷而始終不衰**。在「普天之下，莫非王土；率土之濱，莫非王臣」的封建社會，經由聯姻、世襲結成非常牢固的裙帶關係，無疑大大地促進了裴氏家族成員大量榮登公侯將相之顯位。

其次，從自強不息來看。就某種意義上而言，聯姻和世襲只能說是外部條件，裴氏家族歷久不衰，其根本上取決於他們重視教育，自強不息，頑強拚搏。「重教守訓，崇文尚

武，德業並舉，廉潔自律」是裴氏家風的主要特徵。裴氏家族謹遵「玉不琢，不成器；人不教，不知義」的教誨，按照家規，子孫考不中秀才者，不准進入宗祠大門。這種自強不息的精神一直影響到當代，今天聞喜縣的孩子仍然特別能吃苦，普遍有一種「人一能之，吾十能之」的奮發向上的精神。**重視教育，自強不息，這種精神傳統的直接結果是家族成員的教育文化處在較高水準，即「學而優」，自然能夠在交換交易中居於優勢地位，由「仕」而進入權力的核心。**另外，這種精神也提高了裴氏家族的整體聲望、威信，宋代著名文學家歐陽修就稱頌「唐宰相以裴為首」。這造成皇帝在用人選才上產生某種「先入之見」，認為由裴氏家族出的人都是誠實可靠的君子。僅僅在唐朝，裴氏家族就出過17個宰相。這樣的事情，在歷朝歷代都是絕無僅有的。

8

鯉魚爲什麼要去躍龍門

第三個交換定律

中國古代的讀書人如果在科舉考試中取得功名，意味著進入封建社會的統治階層，將占有大量的權力資源，也由此而能獲得大量的經濟資源、社會資源，將在交換交易中占據極大的優勢和主動性。

臨近初夏的時候，一年一度的聯考總是成為國人最熱門的話題和新聞焦點。譬如，2005年關於聯考的新聞中，就有「某地啟動聯考『綠色通道』，考生車輛優先放行」、「某地聯考考場全部裝上監視器」、「某市聯考監考人員一科一調換，抽籤定考場」、「監考老師要穿平底鞋」、「聯考試卷昨天抵達各考區，職守人員24小時視線不離試卷」，等等。這些新聞勾勒出圍繞聯考而「全民總動員」的盛況。除此之外，關於聯考還產生了許多重大的爭議。聯考制度中，最受爭議的一點可能要算不同地區之間錄取分數的差異，以及由此引發的「聯考移民」現象。有人說「聯考移民」現象反映了在目前高等教育資源有限、高等教育尚未實現「大眾化」的情況下，不同省、市、區聯考生之間的利益矛盾和衝突。這種分析當然很有道理，但是，我們還可以進一步思考：教育資源是決定一個人社會地位的非常重要的基本條件，也是決定一個人交換資源擁有量的重要方面。因此，根本的問題在於：**提升社會地位，進入更高的社會階層，是在交換交易活動中占據優勢的關鍵性因素！**

這一點，反映了我們必須掌握的第三個交換定律：

定律三　層級倍增定律

社會地位越高，占有或掌握的資源就越多，在交換交易中就越具有優勢和主動性；社會階層的上升，可以使交換交易能量倍增、甚至十幾倍的成長。

這個定律是說：假如甲除了同乙進行交換交易，取得某

種利益外，再沒有其他人可以提供這種幫助，而且，在乙提供了這種利益和幫助之後，甲又沒有什麼東西可以作爲對乙的回報；那麼，乙就在雙方的交換交易中占有優勢和主動性，屬於權力較大的一方。那麼，如何判斷交換交易中的雙方處在什麼樣的位置？一個簡便的方法，就是看他所處的社會階層、社會群體。

我們可以生活中常見的讚揚爲例。

我們在讚揚一個人時，這個行爲對於被稱讚的人所具有的意義，不僅取決於它是否眞誠，而且還取決於兩個條件：一是人們對讚揚者的判斷力的尊敬，二是讚揚者在表示讚揚時所表現出的差別對待。這些因素相互關聯。譬如，一個處在高位的人，不管他的地位取得，是依靠個人魅力所贏得的尊敬，還是他的法定職權，都使他的贊同對別人顯得相當重要，具有很高的價值。相反，爲了使自己的讚揚具有較爲顯著的影響，等級較低的人就必須更慷慨地讚揚他人和行爲。

從「范進中舉」理解層級倍增定律

「范進中舉」的故事，恰當地詮釋了交換交易的層級倍增定律。

清朝初年吳敬梓寫了一部傑出的諷刺小說《儒林外史》。第三回「范進中舉」的故事，是書中寫得最精彩的片段。范進是這段故事的主角，他從二十多歲開始應考，前後考了二十多次，直到五十四歲，頭髮都花白了，好不容易才考中了一個秀才。接著去省城參加鄉試，出乎所有人的意料，他竟然又考中了舉人。捷報傳來，范進欣歡不已。於

是，人們賀喜、送禮，巴結奉承。頃刻之間，本來窮到極點的范進，因為考中了舉人，錢、米、田產、房屋、銀鑲杯盤、細瓷碗盞、綾羅綢緞，乃至奴僕、丫鬟等等，總之，凡是富貴人家的東西，幾乎都應有盡有。他也成為造化弄人、命運無常的一個活劇本。

故事中，最值得人們注意的是在中舉前後，各色人等對范進所表現出的截然不同的態度。其中，態度前後變化最大的不是別人，正是范進的岳父胡屠戶。我們不妨來看一看：

一是他對范進的稱呼。范進中舉前，胡屠戶不僅不直接稱呼其名，而是罵他為「現世寶」、「窮鬼」、「癩蝦蟆」；范進中舉後，胡屠戶便立刻改口，尊稱他為「賢婿老爺」、「賢婿」、「老爺」。

二是他對范進的才學的看法。范進中舉前，胡屠戶認為他能中秀才，全是因為主考官見他年老，憐憫他、施捨給他，並不是因為他的文章好；范進中舉後，胡屠戶大讚范進才學高，是天上的「文曲星」。

三是他對范進相貌的評價。范進中舉前，胡屠戶罵他「尖嘴猴腮」，不像張府老爺方面大耳，叫他「撒泡尿自己照照」；范進中舉後，胡屠戶便說范進品貌好，就是城裡張府、周府的老爺，也沒有范進這樣夠體面的相貌。

四是他對自己選婿眼光的評價。范進中舉前，胡屠戶埋怨自己倒運，將女兒嫁與他這個「現世寶」、「窮鬼」，說范進歷年來只是連累他不少。范進中舉後，胡屠戶卻自誇一雙眼睛會認人，女兒長到三十多歲還不把她嫁與那些求親的富戶，結果嫁給了范進這個老爺。

五是他對金錢的看法。范進中舉前向胡屠戶借盤費去鄉試，胡屠戶說自己一天殺一隻豬還賺不到「錢把銀子」，罵范進是把他的錢丟進水裡，令他「一家老小嗑西北風」。但范進中舉後，胡屠戶立刻送了幾千錢給范進打發報錄人，還謙說「些須幾個錢」，不夠范進打發賞人。

汲汲追求高社會層級

與胡屠戶前後截然不同的態度變化相呼應，還有眾鄰里的態度。他們的活動產生一種從側面極力渲染烘托的作用。在范進中舉以前，一家人窮得快要餓死，沒有一個人來關心幫助；而范進中舉的消息一傳來，他們立刻爭先蜂擁而來，又是賀喜、幫忙，又是送錢送米，獻盡了殷勤。此外，就連有錢有勢的鄉紳張靜齋，也主動登門「攀談」，並送來銀子和房子。

故事就是透過范進周圍的人物在他中舉前後態度的變化，真實反映了當時整個社會豔羨、追求功名富貴的普遍傾向。正是在這種惡濁的社會風氣所形成的看不見、然而卻是巨大的力量的引誘和壓力下，范進才那樣捨身忘命、不顧一切地去追求舉業的成功，窮幾十年的精力，直到鬚髮斑白也不肯罷手。

我們運用交換定律，就可以解釋為什麼科舉制度能夠造成這樣的社會環境：在科舉中取得勝利，意味著進入封建社會的統治階層，將占有大量的權力資源，也由此而能獲得大量的經濟資源、社會資源，將在交換交易中占據極大的優勢和主動性。由此，至少可以得出以下幾點結論：

1.社會交換交易的優勢很大程度上取決於一個人所處的社會層級（往往表現在社會階層或社會群體）。

2.在目前社會條件下，個人所屬社會層級多取決於職業、單位層級等因素，而交換交易主要在相同或相近的社會等級之間進行。

3.一個人的社會層級代數級數（1，2，3，……）的上升，可能導致其交換交易優勢呈現幾何級數（1，2，4，……）增長。

事實上，在中秀才之後、中舉人之前，胡屠戶就已經教訓范進這個道理了。他告誡范進，切勿在他那些有體面的同業面前擺架子，以免開罪有錢、有地位的人；而對那些耕田、扒糞的鄉親，不應和他們拱手作揖，平起平坐。而范進中舉後的結果說明了這一點：「自此以後，果然有許多人來奉承他；有送田產的，有人送店房的，還有那些破落戶，兩合子來投身為僕，圖蔭庇的。不到兩三個月，范進家奴僕丫鬟都有了，錢米是不消說了。張鄉紳家又來催著搬家。搬到新房子裡，唱戲、擺酒、請客，一連三日。」當然，故事的結局總是戲劇性的，不僅范進曾因中舉而瘋，其母親也因為突如其來的富貴，喜極中風而死。

信任不只是說說而已

第四個交換定律

事實上，要產生責任感、感恩之情和值得信賴，則交換交易必須是重複的、長期的關係，偶而產生的交易不可能產生信譽。隨著交換交易的不斷擴大，對這些交換交易必不可少的責任、感激和信任會隨之增強。

在你的身邊，經常會碰到這樣的人：「平時不燒香，臨事抱佛腳」、「無事不登三寶殿」，有事就找你，沒事時便不見人影。人們總是對這樣的「機會主義者」頗有微詞，懷著戒備防範之心。有不少人忽視「感情投資」，進行感情交換交易，一旦關係好了，就不覺得自己有責任去維護它，特別是在一些細節問題上粗枝大葉、漫不經心，日積月累，便形成解不開的心結。其實，堅定的友誼應當以持續的、長期的交換交易來維護、強化，而不能是一錘子買賣。事實上，也只有在持續的、長期的交換交易過程中，才能產生信任、感激和責任。

顯然，內部型交換關係是社會道德所贊同的交換交易形式。在日常生活中，外部交換關係欲轉化為內部交換關係，一般而言要滿足以下三個條件：

1.如果任何一方欺騙或者違背互惠原則，那麼他會面臨失去更多東西的風險。

2.任何一方都能很好地預測另一方的行為，並因此能夠防範對方的背信行為。

3.交換交易中，任何一方完全接受另一方的偏愛，用一句不那麼恰當的話來說，就是有一點「臭味相投」的意思。

從另一角度看，這三個條件層層遞進，分別對應由外部關係轉向內部關係的三個階段：

第一，以防範為保障的外部交換交易階段。在此一階段的交換交易關係中，對於大多數人來說，有兩個基本條件必須滿足：一是個人的行為要守信用，二是不與對方共享具體交易行為以外的、不必要的「機密」信息。

第二，以了解為基礎的混合交換交易階段。在此一階段，經過對以往交換交易行為的分析，交換交易的任何一方都能夠對另一方作出預測。這個能力意味著可以針對另一方的行為採取相應的對策行動。實際上，這也表明交換交易雙方都認為，對方能夠將心比心，能夠了解彼此的問題和期望，也都認為能夠從這一交換交易關係當中獲得比其他地方、其他對象更多的收益。

第三，以認同為內涵的內部交換交易階段。在此一階段，信任已經產生和得到強化，外部關係已經完全內化為另一方的偏好，也就是「情人眼裡出西施」。形成和強化信任的因素有很多，譬如，擁有共同的價值觀，具有鄰近性，擁有一個共享的聲譽和合法的地位，以及存在著一個長期互相糾纏的歷史等等。

我們已經知道，交換交易的基本內涵就是付出及回報，通常既包括一方「提供有價值的物品以從他人那裡得到自己想要的有價值的物品」，又包括「擁有這一有價值的物品的人接受其物品」。但是在實際的交換中，人們常常會發現，很多交換交易行為並不同時包含上述要素。譬如，對於某一方來說，似乎明顯不可能在可以預見的將來得到合適的回報，但交換交易仍然順利進行。為什麼會出現這種情形？其關鍵原因就是，信任、感情、責任感等等的逐步形成和強化在發揮作用。

社會交換交易的這三個不同階段構成了這樣一個過程：

第一步：A有B希望能夠獲得的資源C；

第二步：B從A處能得到C；

第三步：B從A處獲得C，但暫時沒有資源D可以用來跟A交換的（比如，經濟交換中的賒欠，社會交換中的欠人情）；

第四步：雙方沒有就此訂立契約（因為相信對方會在未來給予相應回報）；

第五步：B對A產生感情E（如責任感、信任、尊重、親密等）作為回報；

第六步：A以對B的感情F與D交換；

第七步：雙方的感情增值，感情關係更加緊密和不容易破裂；

第八步：B以非感情資源D來回報C。

從上面這個流程，我們可以看出，在物質的交換過程中，還附加了一個感情性交換的環節，隨著物質性交換的次數增加，感情交換累積量也逐漸增加，並且附帶的感情性交換在價值上與物質性交換成正比。交換的結果是，雙方在物質資源上沒有顯著的增長，但是都產生新的感情，使雙方的感情資源獲得增加，感情關係趨於密切。由於這種感情關係是在長期交換中建立起來的，具有不容易獲得的特徵，所以在普遍情況下，雙方都不願意感情破裂。

整體來說，如此構成了交換交易行為遵循的第四個定律：

定律四 信任增強定律

由外部交換向內部交換轉化的過程中，伴隨著責任、感激、信任產生和增強的過程。

只有社會交換才會引起個人的責任、感激和信任感，而純粹的經濟交換則不會。與經濟交換中的商品不同，社會交換中所包含的利益就一種單一的數量交換媒介來說，並不一定有準確的價格。但是，社會交換關係的建立涉及到對另一方義務的投入，即涉及到社會義務的問題。這是因為，社會交換要求參與交換交易的人相信，只要你付出一定的代價，其他人就會對此作出報答：此須追溯到問題的本原——**證明自己具有強烈的責任感、感恩之情和值得信賴**。

事實上，要產生責任感、感恩之情和值得信賴，則交換交易必須是重複的、長期的關係，一次性的交易不可能產生信譽。隨著交換交易的不斷擴大，對這些交換交易必不可少的責任、感激和信任會隨之增強。

在一對交換交易關係中，如果信任已經構成雙方交換交易關係的基礎，那麼任何一方就會發揮作用維持他們和其他成員的關係。當事人會選擇去懲罰那些不值得信任的行為，以作為維持關係的生存性網絡的機制。這種懲罰也能被擴展開來。在交換交易關係中，強化責任、信任的行為存在於三個層面：

　　第一，那些直接融入到主要交換交易關係中的當事人，有責任遵守共同的模式；

　　第二，與第一當事人有社會聯繫的那些人，在第一當事人不能履行其義務時，有責任對此做反應——他們必須以適當的方式改變他們與第一當事人的社會聯繫；

　　第三，如果第二當事人不能對第一當事人的違約行爲作出反應的話，那麼與第二當事人有社會聯繫的那些人，有責任調節其與第二當事人的關係。

　　這三個層面的義務有兩層含義：一是社會交換帶來信任、責任和感激；二是違反社會交換的準則，將受到某種懲罰。第二點，正是我們後面所要論述的第六個交換定律，即排斥異己定律。

顧客和供應商的夥伴關係

1.我知道我的合夥人在進行決策時會考慮到我的要求。

2.我們溝通的質量非常好。

3.我們有效地正視問題。

4.我們透徹地探討彼此關係中的關鍵問題。

5.我們經常面對面地接觸。

6.我們經常通電話。

7.我們合作的歷史悠久。

8.我期望和我的合夥人在將來更長久地進行合作。

9.我們的合約涵蓋了許多不同的問題。

10.我們的目標一致。

11.我們看待世界的方法是同樣的。

12.我們都為同一目標而努力。

13.我經常把我的合夥人看作同一公司的員工。

14.我們有很多共同的活動。

15.我了解那些對我的合夥人具有重要性的人。

16.我的合夥人很了解對我具有重要性的人。

17.我充分理解我的合夥人在什麼基礎上受到獎賞和回報。

18.我的合夥人充分理解我在什麼基礎上受到獎賞和回報。

19.我理解我的合夥人工作中的主要問題。

20.我的合夥人理解我工作中的主要問題。

輕輕撥動心理的天平

第五個交換定律

10

　　如果奉承一個春風得意的人，可能他會絲毫不以為意；但如果他正身處逆境，一次貼切的讚揚則會是莫大的鼓勵。這正是「少說錦上添花的話，多做雪中送炭的事」的道理。

　　交換定律決定了，人際交往中最重要的心理規則就是等價交換。但是，社會是不平等的，從某種意義上說，正是交換交易在推動社會趨向更加不平等的狀態。那麼，一個處在較低社會地位的人，又要怎樣才能在不平等狀態的交換交易中，不斷獲得和維護自己的利益呢？

　　在討論較低社會地位者的交換交易策略前，首先要記住關於交換交易的兩個公式。

　　第一個是關於一個人所具有的交換價值組成的公式：

交換價值＝角色價值＋行為價值

　　這裡的交換價值，主要表現在一個人現有交換資源的存量。但是，交換價值並不必然等於這一價值所發揮出來的實際效能。在社會交換中，相同的交換價值完全可以帶來巨大差別的交換效能。因此，交換交易的甲、乙雙方各自的交換效能等式，可以用下面第二個公式表示：

$$f_1（甲的角色價值＋甲的行為價值）$$
$$＝f_2（乙的角色價值＋乙的行為價值）$$

　　其中，f乃是交換交易過程中所採取的策略等形成的係數，包括策略、時機、形式等因素，它既可以大於1，又可以等於或小於1。稍懂得數學知識的人都會明白它的含義。

　　我們已經知道，一個人所具有的交換價值，首先取決於他擁有的交換資源，交換資源的總量及其構成又決定了一個人的角色。在人際交往中，與不同社會角色的人打交道時，同一個人的態度和表現可能會有極大的不同。譬如，同樣一個人，與主管打交道，可能必恭必敬，小心翼翼；與同事打交道，則可能較為隨意放鬆、玩笑自由；而在下屬面前，則

可能公事公辦、保持距離。這就說明，一個人總是具有多重角色。**交換當事人的角色是有價值的；個人的角色不同，其角色價值也相對要發生變化。**

在交換交易過程中，**行為也是有價值的，不同行為可以帶來不同的價值，行為的價值與其所施加的交換對象直接相聯繫。**譬如，同一個人，對主管作出贊頌與對下屬進行鼓勵，其價值顯然有很大的不同。即使是對同一個交換對象施加同一行為，也可能帶來完全不同的價值。譬如，如果奉承一個春風得意的人，可能他會絲毫不以為意；但如果他正身處逆境，一次貼切的讚揚則會是莫大的鼓勵。這正是「**少說錦上添花的話，多做雪中送炭的事**」的道理。

綜合這兩個方面，我們可以得出第五個交換定律：

定律五　效能平衡定律

在交換交易中，**角色價值較高的一方，其行為價值就會低一些；反之亦然。這是社會心理普遍認可的規則，只有這樣才能實現交換交易的等價。**

但是，這只是一種靜態的比較。等價與否主要是交換雙方的一種主觀認知、感受，因此，選擇和採取一種好的交換交易策略，往往會給你帶來很好的交換交易效能。對於處在較低社會地位的人而言，通常可以採取這樣的交換策略：

交換行動第一步：準確進行角色定位

在社會交換交易過程中，由於交換是否等價主要取決於雙方心理上的主觀認知，是一種自我評價，因此，交換雙方對各自所承擔的義務意識清晰，責任感往往很強。所以，**所謂等價交換完全是主觀的**。只要在交換交易中，雙方的心理處於平衡狀態，我們就可以認為，這一交換交易是等價的。事實上，在交換交易過程中使人心理平衡很重要的一環，就是要使自己與他人的關係得以平衡，而這個過程就是推動交換交易的等價原則得以實現。

譬如，一對父子，根據社會的傳統和倫理，父親的角色價值高，對兒子可以訓斥和指使；兒子的角色價值低，他就要尊敬和服從父親。這樣，父與子之間的交換交易才能持續，父子關係才能和諧穩定。可見，社會交換中人與人之間的關係平衡式，是由人的動態心理平衡機制決定的。如果不平衡，則可能意味著交換關係發生某種變化。譬如，你的主管或老闆平時並不特別關心人，與你有一定距離，某一天他突然對你格外客氣，還給你小女兒買了禮物，此時，你的心理立刻就不平衡了，或者是受寵若驚，或者是覺得老闆可能會炒你魷魚。你說，你該怎麼辦？

因此，準確進行角色定位的原則是：**當你在交換交易中處在較低地位，即角色價值較低時，你必須盡力提高自己態度和行為的價值**。你要想到，即使有可能是十分耕耘，一分收穫，但只要有付出，你就一定會有收穫。這是事物的常態。因為只有這樣，才能實現交換交易的平衡。

交換行動第二步：仔細釐清戰略資源

無論你身處哪一個社會層次，都有自己的優勢和戰略資源。我們已經假定，你處在交換交易的低位，這意味著你的角色價值相對較低，必須盡可能提高自身行為的價值。在交換交易中，行為價值包括人的姿態，例如姿勢、表情和口氣等，也包括人的具體行為。**行為價值的高低取決於和你進行交換交易的人樂於接受的程度。**

下面是對現實生活中一些行為的價值的分類（這只是一個極有限的清單，無法窮盡日常生活中的交換行為）：

· **高價值行為**

1.具體行為：安慰、幫助、同情、體貼、忠誠、承認、依賴、犧牲、表揚、奉獻、施愛、自貶、奉承等。

2.行為姿態：禮貌、客氣、討好、恭敬、真誠、動情、謙虛、親暱、幽默、熱心等。

· **中等價值行為**

1.具體行為：說明、解釋、議論、懇求、教育、規勸、開導、自吹、命令等。

2.行為姿態：冷漠、淡薄、不卑不亢、敷衍、嚴肅、狡猾、虛偽、惱火等。

· **低價值行為**

1.具體行為：批評、指責、訓斥、嘲笑、打罵、戲弄、挖苦、埋怨、欺騙、侮辱、恐嚇、威脅、逼迫、奴役等。

2.行為姿態：傲慢、不理睬、蔑視、刻薄、無理、粗暴、不耐煩、發怒、陰陽怪氣、幸災樂禍等。

除了在特定條件下，人們總是追求高價值行為；而很多低價值行為，總是不易被人所接受，甚至不能為人所容忍。甚至可以說，很多時候，有的行為的價值應該是負值。

對於較低社會地位的人而言，要把自身的角色價值和行為價值充分轉化成交換交易中的戰略資源，就必須清楚認識到：**誠實、忠誠、責任、服從、服務、勤奮、感恩，以及勤於學習、成長潛力等前景性資源是至關重要的**。對我們而言，以上這些不僅僅是一種美德，更是一種聚集能量、釋放能量的通途。

交換行動第三步：加快交換交易中的能量循環

世界上任何事物都不是靜態的。譬如，你的身體無時無刻都在和宇宙進行動態交換；你的大腦無時無刻都在與宇宙的大腦相互交流溝通；你的能量也是宇宙能量的一種表現形式。終止能量的流通無異於停止血液的循環。血液一旦停止循環，就開始凝結和停滯，生命也就該終結了。與此相仿，交換交易也是一種能量的相互交換，是在不斷的「給予」和「回報」過程中完成的。

交換交易所實現的價值與交換交易的次數相聯繫。一般來說，在一定的時間內，在其他因素不變的情況下，交換交易所進行的次數越多，它所實現的「價值」就越大。因此，進行交換交易的一個要訣，是加快進行交換交易的速度，在不斷加快的交換交易中實現動態發展。

每一粒種子都蘊含著千萬片森林的厚望，但這粒種子絕對不能被囤積起來，它必須被撒在一片沃土中。只有這樣，

它的靈性才能化爲巨大的能量，長成一棵參天大樹。交換交易也是如此，必須是有明確方向、有重點的交換交易。只有這樣才能實現其應有的價值。

交換行動第四步：構建自己的交換系統

參與交換交易，目的是積聚能量，提升自己的地位，贏得社會成就，沿著社會金字塔不斷上升。對於處在較低社會地位的人來說，還要注意在交換交易過程中構建以自己爲中心、屬於「自己」的交換交易系統。

社會交換主要在社會地位大致相同的人之間發生。根據前面的交換交易效能等價公式可知：要實現交換交易等價，如果角色價值高，其行爲價值可以很低；反之，角色價值低，其行爲價值必須很高。這就意味著，如果兩個人的角色價值相差太大，意即，如果兩個人的社會地位相差太遠，則這種交換交易就不大可能實現，因爲處在低位者的行爲價值很可能無法達到足以使交換交易平衡的程度。

對此，提升自己交換交易層次的途徑是構建以自己爲中心的交換系統，藉此來積聚能量，實現交換資源的聚變效應。譬如，宇宙、銀河系、太陽系、地球、月球，都是一個很大的系統，下一級附屬於上一級大的系統，但又都以自己爲中心，形成次一級的系統。你只有在交換交易過程中不斷吸取能量，才能不斷壯大自己的系統，才能不斷提升交換交易的層次。

構建和壯大以自己爲中心的交換交易系統，須牢牢記住一個原則：給予。**你付出的越多，你收穫的就會越多，因為**

你將使得整個系統的富有在你的手裡不斷流通循環和積聚壯大，乃至擁有一個屬於自己的世界。

時時刻刻想著下面的話

如果你想得到快樂，那就給別人以快樂；

如果你想得到愛，那就學會奉獻愛；

如果想得到別人的關心和欣賞，那就學會關心別人、欣賞別人；

如果你希望獲得物質上的財富，那就幫助別人在物質上變得富有；

……

11

憑什麼制裁違規者
第六個交換定律

　　如果一個人幫助過另一個人，那麼人們便會期待後者表示他的感激，並且在有機會時給予回報。在某種程度上，人們也正是基於這一點來行事，才使交換交易得以完成。因此，如果他沒有以適當的方式給予回報，人們就會把他看成是一個忘恩負義的傢伙，不值得幫助。

這幾年，人們常常說到一個詞：「潛規則」。

吳思先生在他的《潛規則》一書中，就講過《明史》上記載的一個「潛規則」故事：

崇禎元年（1628年），朱由檢剛剛當上皇帝，一心想把國家治理好。朱由檢經常召見群臣討論國事，發出了「文官不愛錢」的號召。「文官不愛錢，武官不惜死」是宋朝傳下來的一句名言，據說，如此就可以保證天下太平。

戶科給事中韓一良對此號召頗不以為然，他給皇上寫了份上疏說：如今何處不是用錢之地？哪位官員不是愛錢之人？本來就是靠錢弄到的官位，怎麼能不花錢償還呢？人們常說，縣太爺是行賄的首領，給事中是納賄的大王。現在人們都責備郡守縣令們不廉潔，但這些地方官又怎麼能夠廉潔？有數的那點薪水，上頭要打點，來往的客人要招待，晉級考核、上京朝觀的費用，總要數千兩銀子。這銀子不會從天上掉下來，也不會從地裡冒出來，想要郡守縣令們廉潔，辦得到麼？我這兩個月，就辭卻了別人送我的五百兩銀子，我交往少尚且如此，其餘的就可想而知了。伏請陛下嚴加懲處，逮捕處治那些做得過分的傢伙。

崇禎讀了韓一良的上疏，大喜，立刻召見群臣，讓韓一良當眾念他寫的這篇東西。讀罷，崇禎拿著韓一良的上疏給閣臣們看，說：一良忠誠鯁直，可以當僉都御史。

這時，吏部尚書王永光請求皇帝，讓韓一良點出究竟誰做得過分，誰送他銀子。韓一良支支吾吾，顯出一副不願意告發別人的樣子，於是崇禎讓他密奏。等了五天，韓一良誰也沒有告發，只舉了兩件舊事為例，話裡話外還刺了王永光

幾句。

崇禎再次把韓一良、王永光和一些廷臣召來。年輕的皇上手持韓一良的上疏來回念，聲音朗朗。他念到「此金非從天降，非從地出」這兩句時，不禁掩卷而嘆。崇禎又追問韓一良：五百兩銀子是誰送你的？韓一良固守防線，就是不肯點名。崇禎堅持要他回答，他就扯舊事。崇禎讓韓一良點出人名，本來是想如他所請的那樣嚴加懲處，而韓一良最後竟推說是風聞有人要送，惹得皇上老大不高興，訓斥韓一良前後矛盾，還撤了他的職。

吳思認為，韓一良寧可讓皇帝撤掉自己的官職，斷送了當大臣的前程，甚至頂著皇帝發怒將他治罪的風險，硬是不肯告發那些向他送禮行賄的人，他背後必定有強大的支撐力量。這是一種什麼力量？難道只是怕得罪人？給事中就好像現在的檢察官，檢舉起訴和得罪人乃是他的本職工作，也是他獲得聲望的源泉。吳思得出結論說，怕得罪人這種解釋的力度不夠。

吳思講得有一定道理，但是，從交換理論角度來看，「怕得罪人」其實是講得通的。因為，韓一良只要指名道姓，他就會被視為當時整個官場的「異類」，即使是為了他的本職，甚至因此而獲得虛幻的聲望，但他與人進行社會交換交易的全部基礎將喪失殆盡，也徹底阻絕了他自己獲得本分以外錢財的來源。除非真正想成為一個亙古罕有的，像海瑞般的大清官，否則韓一良絕不會冒這樣的風險。

這一點，與我們所要講的交換定律中的第六個定律有一定相似之處：

定律六 排斥異己定律

不遵守交換交易的基本規則，將被排斥出社會人際「圈子」。

為什麼會這樣？

談到交換交易，一些人就會想到斤斤計較，一切向錢看。這其實是一種誤解。社會交換交易並不意味著把高尚的行為庸俗化，它只是一個從結果來看問題的角度。與人交往時，人們並不會隨時打著算盤計算某一行為的得失；長期的社會生活使我們具有交換交易的本能。譬如說，初見到一個陌生人，你熱情地和他打招呼，可是他卻反應冷淡，這時你的心裡可能會不舒服。從這一結果看，就是一種不等價交換交易給人帶來的不適，但是我們並不會清楚地意識到，我們在這次社會交換中「虧本」了，一定要在下一次賺回來，對別人也橫眉冷對。因此，**長期的交換交易模式的形成，意味著一種社會規範、一種眾所遵循的行為模式，甚至是一種上升到道德範疇的社會規範。**

我們已經在前面說明，這個行為模式的基本內容就是：在**交換交易關係中，其他人將以社會報酬去報答恩惠。**如果一個人幫助過另一個人，那麼人們便會期待後者表示他的感激，並且在有機會時給予回報。在某種程度上，人們也正是基於這一點來行事，才使交換交易得以完成。因此，如果他沒有以適當的方式給予回報，人們就會把他看成是一個忘恩

負義的傢伙，不值得幫助。如果他做出適當的回報，那麼，對方所得的社會報酬就會成為進一步擴大幫助的誘因，這種服務所形成的互換，就在這兩個人之間結成了一種社會紐帶。自然而然地，排斥不按照這一行為模式行事，或者說違反交換「約定」的「異己者」，也就成為這一行為模式的內容。

合作 VS 背叛

理論和現實都一再證明，「一報還一報」，無論是合作還是背叛，都會得到相對的回報。排斥異己者，正是在「一報還一報」的邏輯下，對背叛的一種回報。

合作還是背叛？

在著名的「囚犯困境」遊戲中，有兩個博弈者，他們可以有兩個選擇：合作或背叛，且每個人都必須在不知道對方選擇的情況下，作出自己的選擇。不論對方選擇什麼，選擇背叛總能比選擇合作有較高的收益。所謂的「困境」是指，如果雙方都選擇背叛其結果比雙方都選擇合作還要糟糕。如下圖所示：

	合 作	背 叛
合 作	R=3, R=3	S=0, T=5
背 叛	T=5, S=0	P=1, P=1

其中：R是對雙方合作的獎勵，T是對雙方背叛的誘惑，S是給笨蛋的報酬，P是對雙方背叛的懲罰，數字是各種不同行為的收益值。

羅伯特・艾克斯羅德（Robert Axelrod）是一位政治科學家，他對合作的問題研究已久。為了進行關於合作的研究，他組織了一場計算機競賽。這個競賽非常簡單：任何想參加這個計算機競賽的人都扮演「囚徒困境」案例中的一個囚犯。他們把自己的策略編入計算機程序，然後這些程序會被成雙成對地編入不同的組合。分好組以後，參與者就開始玩「囚徒困境」的遊戲。他們每個人都要在合作與背叛之間做出選擇。

第一輪遊戲有14個程序，再加上艾克斯羅德自己的一個隨機程序（即以50%的概率選取「合作」或「不合作」）。遊戲運轉了300次，結果得分最高的是加拿大學者羅伯布寫的「一報還一報」。這個程序的特點是：第一次對局採用合作的策略，以後每一步都跟隨對方上一步的策略，你上一次合作，我這一次就合作；你上一次不合作，我這一次就不合作。

艾克斯羅德同時還發現，得分排名在前面的程序有三個共同特點：

第一，從不首先背叛，即是「善良的」；

第二，對於對方的背叛行為一定要報復，不能總是合作，即是「可激怒的」；

第三，不能人家背叛一次，你就沒完沒了的報復，以後人家只要改為合作，你也要合作，即具有「寬容性」。

為了進一步驗證上述結論，艾克斯羅德決定邀請更多的人再做一次遊戲，並把第一次的結果公開發表。第二次徵集到了62個程序，加上他自己的隨機程序，又進行了一次競

賽。結果，排在第一名的仍是「一報還一報」。這一次，艾克斯羅德得出的結論是：第一，「一報還一報」仍是最優策略。第二，前面提到的三個特點仍然有效。因為63人中的前15名裡，只有第8名的一個程序是「不善良的」，而在後15名中，只有1個總是合作的和「善良的」。此外，艾克斯羅德還發現，好的策略必須「簡單明瞭」。能讓對方在三、五步對局內辨識出來，太複雜的對策不見得好。「一報還一報」的清晰性高，讓對方很快發現規律，而不得不採取合作的態度。

「一報還一報」策略的優越性充分展現了一個純粹自利的人何以會選擇善，只因為合作是自我利益最大化的一種必要手段。

在長期的社會交換交易過程中，當交換發生以後，就會出現基本的、而且是普遍存在的互惠規範。這些互惠規範將能夠規範以後的交換活動，違反規範時，就會造成社會對立和其他消極的制裁，違背者將被逐出人際交往的圈子。

12

改變命運的策略

沿著社會金字塔上升的基本策略

磨磚既不能成鏡，坐禪又豈能成佛。這個故事的寓意在於：無論做什麼事，都要有正確的策略，走對路。

據《景德傳燈錄》記載，唐代江西道一禪師幼年即出家，整日坐禪。當時，六祖慧能弟子、著名的南岳懷讓禪師正在衡山般若寺開法，見道一形相不凡，便問他：「大德坐禪圖個什麼？」道一答道：「圖作佛。」於是有一天，懷讓取來磚頭在道一門前的石頭上磨。日子長了，道一不由得奇怪，便問道：「磨磚做什麼？」懷讓說：「作鏡。」道一說：「磨磚豈能成鏡？」懷讓便反問說：「磨磚既不能成鏡，坐禪豈能成佛？」他還打比方說，這就如同駕馭牛車，車若不走，是該打車呢還是該打牛？懷讓進一步點撥他說，禪不在於坐佛，坐佛等於殺佛，執著於坐相，就是不通達禪理。道一豁然解悟，便拜懷讓為師，終成大果。

正確的交換策略

磨磚既不能成鏡，坐禪又豈能成佛。這個故事的寓意在於：無論做什麼事，都要有正確的策略，走對路。同樣，**想要改變自己的命運，沿著社會金字塔不斷上升，沒有正確的交換策略也不可能成功**。那麼，如果你現在正處於較低的社會層級，手中掌握的社會資源很少，又要怎樣才能取得較優勢的地位，不斷改變自己的命運呢？

假設有甲、乙兩個人，其中，甲處在社會的低位，而乙處於社會的較高地位。在甲、乙兩個人的交換交易中，甲時常需要乙提供某種幫助，但他卻沒有任何可以獻給乙的東西。為達到自己的目的，此時甲可以有幾種選擇：

1.他可以強迫乙給他幫助；

2.他可以另想來源，譬如丙那裡獲得他所需要的幫助；

3.他可以思考沒有這種幫助，他也能過下去的方法。

4.如果他不能夠或不願意選擇上述三種方法中的其中一種，他還可以使自己服從乙，按照乙的願望行事。這種方法，實際上是使對方擁有加諸自身的權力，以此種權力作為報酬，從而促使乙具有向甲提供幫助的動力。

這四種選擇，實際上構成了當一個人處於社會較低層次時，在交換交易中實現目標的四種基本策略：

基本策略1　抑制自己對各種服務的需要，對可以作為交換資源的利益保持冷淡。

基本策略2　運用強制力量迫使別人拿出必要的利益或服務的能力。

基本策略3　從替代的來源獲得自己所需要的必要服務，這實際上是藉著減少對對方的依賴，不斷增強自己的獨立性。

基本策略4　如果一個人不願意或者不能選擇以上三種策略中的任何一種時，還有一種選擇，就是承認對方的權力地位，表明自己的從屬、服從地位。

顯然，在實際生活中這四種策略並不會單一運用，而常常是經由綜合運用而發揮作用的。但是，其中總有一種策略為主要的方式，而以何種策略為基礎，往往決定了交換交易的整體效能。

具體而言，雖然第一種策略在現實生活中很常見，但卻是一種無所作為的行為方式。對於處在較低層次的人來說，

並不具備運用強制手段的條件,如果一定要運用強制力量,則往往意味著陰謀、非法和其他不正當的手段,因此,第二種策略也不現實。

第三種策略有兩個方面的含義:一是透過提高自身資源擁有量來增強本身的獨立性,或者說,自己能夠同時向對方提供某種交換資源來換取自己所需要的資源,並足以使對方希望保持這種交易交換關係,並阻止依賴局面的形成。二是可以從其他地方獲取資源,也就是說,依賴是多元的而不是單一的。所謂「東方不亮西方亮」、「此處不留爺,自有留爺處」,講的就是這個道理。因此,**這實際上是透過不斷打破「路徑依賴」,實現自身順利發展的一種策略方式。**具體來說,一個人若擁有作為使其他人為自己提供必要服務和利益的有效誘因的所有必要資源,那麼他就受到了保護而不會依賴任何人。

第四種策略,實際上是最常見也最現實的方式。特別是與第三種策略相結合,多能發揮出最大能量。

掏出筆來算一算

你站在社會序列的哪一個位置

　　我們一再看到，在現實生活中，交換交易深受中國注重人倫關係的文化傳統所影響，這影響甚至是決定性的。換言之，現實生活中的交換交易模式及其效果，多為個人的社會網絡資源所決定。

　　正所謂「知己知彼，百戰不殆」。在初步了解社會交換的基本定律以後，接下來，我們馬上又面臨這樣的問題：**你處在社會體系的哪一個位置？掌握了多少資源？如何才能擴大自己的資源？採取何種策略才能最大限度發揮這些資源的效能**？對此，首先要對社會資源分布的基本規律有所了解。

　　從一般意義來說，社會資源分布規律的一個基本內容就是：**社會資源分配具有差異性、不平等性。**

　　常識告訴我們，社會資源在同一個社會不同階層中的分配是不平等的，而在不同的社會體系中，社會資源和技能的分布又具有各自不同的特點。人們同樣還會發現，雖然在一切社會體系中，社會資源的分配都是不均等的，但不平等的程度卻隨體系而異。譬如，接受教育，獲得知識，這是一種有助於形成社會技能的重要社會資源。透過接受教育而獲得知識的機會的分配就是不均等的，這種不均等在不同國家有著巨大的差別。財富毫無疑問也是社會交換的一種主要資源，而在任何時候、任何地方，財富分配也是不平等的，且不平等的程度同樣存在著巨大的差別。

社會資源的分布趨勢

　　由此可知，各種不平等互相關聯的程度也因社會而異。假定某社會體系中的每一個人都根據其占有最重要的社會資源的地位來排列，譬如對財富、收入、知識、社會名聲，以及對公共權力的控制等，那麼，這種差別主要表現在社會資源分布的兩大趨勢：累積性分布和彌散性分布。

社會資源的累積性分布

如果每個人的相對地位相同，進而形成一種完整的相互關聯，資源的不平等就會完全是累積性的。即一個人擁有的某一種社會資源越多，他擁有的其他資源也就越多。譬如，某個社會階層既是社會主要的財富階層，同時又在公共權力體系中占據主要的職位，控制著精神文化領域。亦即此一階層同時掌握著社會的各種主要資源，牢牢地處在社會金字塔的最頂端。

社會資源的彌散性分布

如果每個人在某一資源占有序列中的地位與另一等級序列不具備正相關性，資源的不平等就是彌散性的。即一個人擁有的某一種社會資源的量與他擁有其他社會資源的量並不一定成正比。譬如，財團占有大量物質財富，但並不一定直接占據國家權力的主要職位；而身居高位的政治家們不一定是最富有的人。

在認識社會資源的分布特點時，一定要清楚了解到：

1.現代社會發展的一個較明顯趨勢是，更多彌散性、更少累積性，但是，彌散性分布並不意味著平等。因為在一個社會資源完全彌散性分布的地方，每一種社會資源的分配都可能是不平等的。這是因為，彌散性分布並不排除大量的社會階層在任何一個單一的序列中都處在末端、處在社會的最底層。

2.社會資源有導向累積性不平等的強烈趨勢。顯然，社

會資源的分布不會是以純粹的某一種類型而存在。在彌散性不平等的社會中，控制某一種社會資源或者至少在某一種社會資源占有優勢的人，可以藉著互惠互利的交換交易，來彌補自己在其他資源占有上的不利地位。

我們將能夠清晰地認識到，社會交換與社會資源分布的這兩種規律性趨勢密切相關，構成了錯綜複雜的關聯體系。

交換資源的種類

根據我們的認識，一個人占有的社會資源與其掌握的交換資源大致相當。那麼，要怎樣才能準確判斷自己在社會體系中的位置和掌握的交換資源呢？

交換資源包括物質性和非物質性資源，透過對其的積累和運用，個人能夠實現和增大自己的利益。對於個人所擁有的交換資源而言，可以從多個角度和層面進行劃分。這裡，主要是從交換資源對社會交換所產生的影響來進行分析。個人的交換資源可分為以下五種：

1. **社會資源** 主要是指一個人嵌入社會網絡之中可以攝取和接觸的資源。譬如，一個人社會交往網絡的規模，所達到的社會層次，交往成員的職業類型、分布及其網絡多元性特徵，以及基於此能夠動員的力量等，都可以劃入此一範圍。需要注意的是，這裡主要是從個人社會網絡資源的存量來說的。

2. **組織資源** 包括行政組織資源和政治組織資源。主要是指依賴公共權力機構和其他正式組織系統而擁有的對物

質性資源和非物質性資源的能力，通常表現為基於權力而擁有的對人、財、物的支配能力。

3. **經濟資源** 主要是指對生產資源的所有權、使用權和經營權。

4. **人力資源** 往往指非物質性資源，即對社會（通過證書或資格認定）所認可的知識和技能的擁有。主要是指人們在教育、健康、職業培訓和訊息獲得等方面所具有的資源，它與物質性資源的最大差別在於它不能與所有者分離。

5. **個人天賦條件** 除了與生俱來、不可更改的性別、年齡外，還包括了出身的社會階層、經歷以及家庭背景等。

交換資源的運用及效果

不管我們的觀察多麼粗略和不完善，人們都可以感受到，社會上一個普遍現象：即使具有相近似的交換資源量，但不同的人運用這些資源所發揮的效果是不同的，甚至還可能會是巨大的差別。這就意味著，除了交換資源擁有量的多少及此種資源本身的特性外，還有其他因素影響著交換資源所產生的效果。

對此，我們可以結合不同類型交換資源的特點，從下面三個步驟進行分析：

第一步：有哪些社會資源

事實證明，一個人掌握的現有資源量是決定交換交易時所處位置的基礎因素。譬如，我們在談到一個人的社會地位時，往往依據下列標準：

——是否有特殊「關係」（家庭出身背景如何）？

——是否有權（譬如，在政府或企業裡擔任什麼樣的職務）？

——是否有文化（受教育程度如何，特別是是否畢業於名校）？

將這些因素綜合起來，又大大地影響了一個人現在所擁有的社會網絡資源的多少。我們一再看到，在現實生活中，交換交易深受中國注重人倫關係的文化傳統所影響，這影響甚至是決定性的。換言之，**現實生活中的交換交易模式及其效果，多為個人的社會網絡資源所決定。**

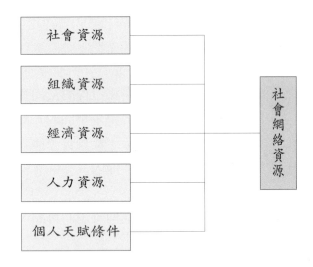

第二步：是否使用社會資源

如果交換資源沒有進入實際的交易過程，就不會產生效果和實現交換價值。然而，對於採取理性選擇行為的人而言，個人所擁有的交換資源是一種有意或無意的「投資產

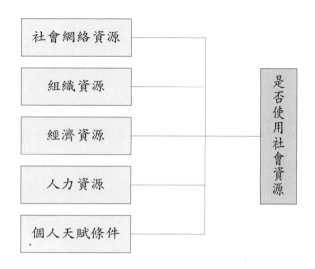

物」。如果個人透過長期投資，積累了較豐富的交換資源，當遇到合適的時機，他必然會使之派上用場，利用它來達到自己的目的，改變自己的經濟、政治和社會地位；同時又進一步積累更大量的交換資源。在這一過程中，我們看到，原有的社會資源存量已經轉化為現實的社會網絡資源。

第三步：交換交易的實際效果

從下圖中可以看到，社會網絡資源和實際使用的各種交換資源，都對個人在交換交易中地位的取得、所達成的實際效果發生影響。但二者的影響機制有所不同，實際使用的各種交換資源直接影響著交換交易實現的交換價值；而社會網絡資源呈現為一種交換背景，一方面直接影響著交換交易的結果，同時又以各種資源對交換交易的結果間接發生作用。

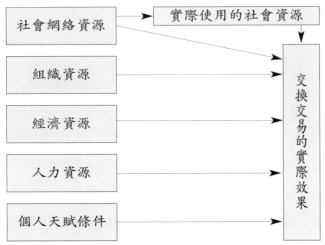

綜合以上分析，我們可以得出這樣的結論：

——**個人使用交換資源的技能和效率的差別**。社會技能的差別來自於學習和實踐技能的天賦、機會和刺激的差別。

——**個人是為了何種目的運用其資源**。例如，兩個同樣富有的人，一個用他的財富去獲得社會交換中的優勢地位，另一個人則可能用它去謀求商業上的成功。這些差別本身可歸因於，天賦和經歷的不同所引起的。

影響個人交換資源交換效能的主要因素

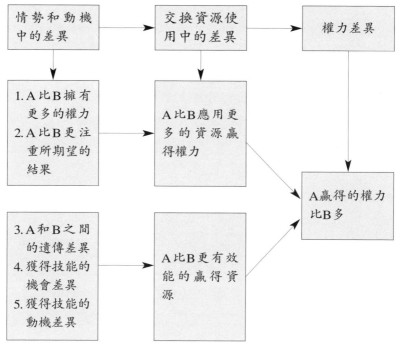

———**大量的交換資源往往具有可重複使用的特性**。這在物質性資源以外的其他資源中表現得更加明顯。經濟交換中是「一手交錢、一手交貨」。譬如，商店裡有一支鋼筆價值100元，我要得到這支鋼筆，就必須付出100元。買下鋼筆後，我就不再擁有這100元了。與此不同，一個掌握著某種公共權力的人，其權力並不會因為一次合法的運用而喪失，用了還可以再用。知名學者也不會因為將自己的知識傳授給他人，自己就不再擁有這些知識。事實上，很多交換資源的使用次數越多，其擁有量就越大，效益也就越高。

英雄救美

你拿什麼來進行交換交易

在任何一對交換交易關係中，處在低位者
也會擁有特定優勢的交換資源；只要採取適當
的策略，這種相對劣勢就可能得以轉化，甚至
成為一種交換交易的優勢。

各國都有很多「英雄救美」的故事，情節和結局都大同小異。像是某個美麗的女子落難，急需有人幫助，而偏偏這個時候總是沒人肯幫忙。於是，有個非常英俊卻一無所有的年輕人毫不猶豫地挺身而出，予以幫助。由於時機特殊，這個幫助顯得格外珍貴和有價值。女子實在是無以回報，只能對「英雄」付出自己深厚的愛情，把自己的一生都託付給他。

這是在一種極其特殊的情況下，處在交換劣勢的低位者試圖使交換交易達到平衡的努力。這類故事的涵義是十分深刻的。**一個人對某一特定類型資源的需求越迫切，同時得到的可能性越小，則這種資源對他越有價值。**

然而，在絕大多數情況下，「英雄救美」的交換交易模式不可能成為低位者的現實選擇：這是因為，一般情況下根本不具備這樣的特殊條件。但是，這並不意味著處在低位者就沒有可供交換的資源。

在猶太人的歷史上，相傳諾亞的第10代孫亞伯拉罕曾與上帝進行過一次談判。

亞伯拉罕原名叫亞伯蘭，亞伯拉罕是上帝為他改的名字，意思是「萬民之父」。猶太人都非常敬仰這位父親。

亞伯拉罕和上帝達成協議，每年都要祭祀上帝。祭祀是上帝與猶太人達成的契約，這時雙方既檢查以前的契約執行情況，又建立新的契約。祭祀時，猶太人必須準備3歲的雄牛、雌山羊和山鳩等祭品，並把牠們殺成兩半放好，意思是如果上帝的臣民違背了契約，下場將和這些牛羊一樣。

有一天，上帝知道有兩個城鎮的人民違反了祂的教諭，

便準備毀滅這兩個城鎮，作為破壞契約的懲罰。

　　亞伯拉罕聽到這個消息，不忍心人民被殺、城鎮被毀，於是就代表人民出來同上帝談判。

　　他向上帝請教說：「如果城裡有50名正直之人，難道也得跟隨惡人一起遭受毀滅嗎？難道上帝不願看在正直之人的份上寬恕其他人們嗎？」

　　上帝作了讓步，說：「如果該城有50名正直之人，就看在他們的份上饒恕該城。」

　　接著，亞伯拉罕又進一步說：「如果僅僅缺少5人便可湊足50人，是不是還得毀滅該城呢？」

　　上帝又作了讓步，他應允如果有45個正直之人，也就饒恕該城。

　　亞伯拉罕仍不滿意，步步緊逼：「如果只有40名正直之人呢？」

　　上帝步步後退，也步步為營，雙方談判繼續進行。幾經討價還價，還是爭持不下。亞伯拉罕毫不畏懼，義正辭嚴地問上帝：「把擁有正直之人的城鎮全部毀滅，合乎正義嗎？」

　　上帝本身就應當是正義的象徵，但這時維護還是違背正義的名聲，已經變成了亞伯拉罕的一種交換資源。上帝當然不想做不合正義的事情，最後他答應：「如果有10位正直的人，就不毀滅該城。」

　　亞伯拉罕知道，自己的努力已經達到最大極限，雖然問題只得到數量上的解決而非質量上的解決，但也只能同意了。

　　非常令人遺憾的是，這兩個城鎮加起來，居然湊不足10名正直的人。原來人人都有缺點，而真正正直的人並不多。亞伯拉罕只能萬分悲痛地看著自己的努力和希望化為泡影。

　　上帝堅持契約的原則，降大火和硫磺夷平兩城。這樣，所多瑪和蛾摩拉兩座城鎮最後湮滅在死海東南邊的海底裡。

　　雖然結局是悲劇性的，但是，猶太人在談判中不管對手多麼強大、據理力爭的作風卻一直保留了下來。猶太人常常以自己握有的真理來維護自身的利益。據理不饒人，這就是猶太人的談判智慧之一。這個例子也告訴我們，**在任何一對交換交易關係中，處在低位者也會擁有特定優勢的交換資源；只要採取適當的策略，這種相對劣勢就可能得以轉化，甚至形成為一種交換交易的優勢。**

15

拒絕孤獨

高位者顯示權力的強大動力

　　我們必須時刻意識到：一個人之所以成為領袖，必須以眾人承認他的權威為前提；而對權威的承認，只能基於交換交易產生。此構成了處在較高地位者參與交換交易的理由，也揭示了處在較低地位的人同前者進行交換交易的秘密和訣竅。

富蘭克林・羅斯福身有殘疾，卻以他無窮的魅力，傾倒了美國人，他還是美國歷史上唯一一位連任四屆的總統。當時，擔任聯邦安全委員會主席的海因茨・亞當曾以詼諧的口吻說：「如果羅斯福將聯邦委員會1萬多名雇員集合起來，站在孟斐斯的亨納達大橋上，並喊一聲『跳』，會有99.9％的人跳進下面水流湍急的密西西比河裡，由此可看出忠誠的力量。」

顯然，任何一個希望有所作為的人，尤其是一個身居高位的人，都會企望能夠擁有像羅斯福那樣的權力、權威和衷心的擁戴。但是，我們必須時刻意識到：**一個人之所以成為領袖，必須以眾人承認他的權威為前提；而對權威的承認，只能基於交換交易產生。**

此構成了處在較高地位者參與交換交易的理由，也揭示了處在較低地位的人同前者進行交換交易的秘密和訣竅。

成為領袖的秘密和訣竅

1.欲表明一個人處在較高地位的權力、權威等，只有透過交換交易才能顯現出來。

我們這裡所講的權力、權威，不僅指公共權力，還包括經濟權力、社會權力等。譬如，一個資本家擁有大量財富，我們就可以認為他擁有較大的經濟權力和權威。但這種權力、權威卻必須透過交換交易才能顯現出來。

假如一個人坐擁金山，但他卻與世隔絕，則他的巨大財富就失去了本來的意義。在《魯濱遜漂流記》中，魯濱遜的

權力、地位之所以顯現出來，就在於他碰到了星期五。正是透過不斷進行交換交易，才逐漸演化出兩個人之間的權力關係。

正如交換定律所揭示的，即使擁有再多的金錢、聲望和權勢，如果不進入交換交易系統，我們也可以認為他一無所有，因為他的金錢、聲望和權勢根本就無從彰顯。這也是處在較高地位的人具有一定動力，願意同處在較低地位的人進行交換交易的根本原因。

2.大部分是處在較低地位者選擇與處在高位者進行交換交易。

這意味著，後者的權力很大程度上是由前者決定的。我們常常有這樣的感受：當你在政界或其他領域謀求職位的時候，一旦選擇與某個地位較高的人建立某種服從和忠誠關係，你就很難從中退出來。如果你不幸站錯了陣營，你就會陷入霍布斯（Thomas Hobbes, 1588-1679）在《利維坦》（Leviathan，又譯《巨靈論》）一書中所描述的那種狼狽不堪的選擇：要麼趕快抽身、溜之大吉；要麼就與某個人或某一事業一起葬送於溝壑之中，或許永遠都別指望會有出頭之日。

因此，選擇自己效忠的對象，往往決定一個人的命運。人們對此總是小心翼翼，而他們的選擇與忠誠，往往是處在高位者事業興衰的根本。

3.處在較高地位者其權力、權威的一個重要基礎是，他能夠對處在較低地位者的服從、服務和忠誠給予回報。

現實生活中，人們之間的相互信任關係很容易被破壞殆盡，即使沒有發生明目張膽的背叛行為，也有可能這樣。在很多時候，人們還沒有等到自己的盟友叛逃到敵人的陣營裡，就早已對他失去信任了。實際上，問題的根本常常還是其本身：**他不能或不願給予自己的下屬或處在較低地位者，某種有足夠吸引力的回報。**

4.處在較高地位者的權力、權威等資源的運用，往往具有抽取「利息」、不斷擴大的特性。

我們已經知道，交換資源與其所有者往往不可分開，這使得一個人可以重複使用某些交換資源。事實上，有一些交換資源，譬如地位，可以被看作是資本，一個人能夠利用它去獲得利益，而它可在使用中被消耗，也可以透過抽取利息的投資方式加以擴大。這意味著，處在較高地位的人顯示、運用自己的權力、權威，常常不僅不會導致資源的喪失，還能夠不斷地擴大這個資源。

因此，根據交換定律，處在較高地位的人必須時時牢記：**如果一個人不能回報為自己提供服務、忠誠的人，就沒有人為他付出勞動和智力：如果一個人不能與為自己提供服務、忠誠的人分享勝利果實，就注定走不遠，成就不了大事。**

有人形容，人際關係網就好比一隻八爪章魚，每一隻八爪章魚在每一天每一分鐘裡都在不停地集合、交錯著，只是

我們自己常常不自知、不在意，常常和貴人擦身而過。切記，不要過於看重人際關係中所謂的顯貴，這樣就容易忽視其他更多的普通人。你必須清楚地意識到，任何一個普通人都可以扭轉乾坤，成爲影響甚至決定你一生命運的大貴人。但是，你也要注意，**毫無誠意的點頭之交等於零，人際關係的建立和鞏固需要長時間的積累和沉澱。**

機遇和貴人是在適當時候出現的適當的人、事、物的組合體。我們無法控制這種完美的巧合何時出現，唯一能做的，就是建立自己的人際關係網絡來給自己創造更多的可能，而許許多多的普通人，或許是你最可利用的資源。

俗語說：「**夫能下人者，其志必高，其所至必遠。**」對於以上這幾點，古往今來成就一番事業的英雄，都深諳其中的道理。這是他們成功的重要根基，也是一切人們有所成就、提升人生的重要奧妙！

人情大於法

高位者憑什麼得到威望和權力

　　朱棣深知，人情大於法，這是萬古不易的
道理。他認為，自己多年建立起來的人脈關
係，要比朝廷的一紙詔書有力得多。10多萬人
中，他真正的敵人不過是建文帝派來的幾個人
而已。果然，他設計除掉建文帝派來的幾位大
臣以後，他那些曾經依附於建文帝的許多舊部
就紛紛倒戈，投入到自己的陣營來。

前文講到了高位者積極與地位較低者進行交換交易的一般理由。其實，一個人在交換交易中處在哪個位置，同時和資源的分布特徵密切相關。

交換交易具有推動社會金字塔形成和強化的自然趨向。但是，我們已經知道，在**彌散性分布的資源模式**中，你擁有一種主要的交換資源，在另一種主要資源方面，就不一定具有優勢，在具體的交換交易關係中，甚至還可能處在劣勢。交換交易中的優勢也同樣呈現出多樣化特徵。這時，建立互利性的聯盟也就成為處在某一資源高位者的自然選擇。

即使在**累積性分布的資源模式**中，處在高位者仍然具有與低位者交換交易的積極性。這是因為，他的這種高位，或者向更高的地位的努力，也同樣是建立在與低位者進行交換交易行為基礎之上。

我們來看一看明成祖朱棣和明朝一代名臣張居正的故事。

人情大於法

朱棣向自己的侄兒建文皇帝發難之時，軍隊的戰力旺盛。主要有三個原因：

1.燕軍都是北方人，且與蒙古鐵騎周旋多年，習於戰爭。

2.朱棣非常重視思想教育，多次發布文告，反覆闡述自己起兵的正義性。這一點是他與一般武人最大的不同之處。

做事一定要在真實的意圖外，包上一層光明正大的道德外衣。所以，朱棣絕對不承認自己是篡逆，他把自己的行為

定義為「奉天靖難」，意即幫皇帝討伐奸臣。其實，這已經是漢朝人早就玩過的把戲，即「清君側」是也。然而朱棣沿用時臉不紅心不跳。這不但是給自己找遮羞布，也是為自己的部下和將來準備投奔輸誠的人製造理由。

3.朱棣平素以「義氣王爺」自居，特別重感情，深得部下愛戴。這恐怕也是最要緊的一點。

朱棣說話一副高腔大嗓，快人快語，雷厲風行。說上三句話就打一個哈哈，還經常講笑話，讓人感覺毫無架子，十分親近。

還在當燕王的時候，他就十分注意維護部下的利益。他治下的軍隊，兵餉水平是全國最高的。最關鍵的是，部下有什麼事情求到他，只要不太違反原則，他都會痛痛快快地給辦了。想要升官的，他積極幫著找路子；沒辦法用官位報答的，他賞賜起財物來手筆非常大。不僅如此，朱棣體恤小民更是有口皆碑，關於他嫉惡如仇、為民除害、惜老憐貧的故事不一而足，流傳甚廣。這使得朱棣在他統轄的地區深得人心，凡是他派駐過的地區的地方官和軍將，大部分都被收入其羽翼之下。

建文元年（1399年），朱棣起兵對抗自己的侄子建文帝的時候，北平周圍的要塞都已經由朝廷委派的親信重兵把守，軍隊加起來有十萬之眾；而他所能支配的，不過區區八百親兵而已。但是，朱棣卻底氣十足，因為他深知，**人情大於法，這是萬古不易的道理**。他認為，自己多年建立起來的人脈關係，要比朝廷的一紙詔書有力得多。10多萬人中，他真正的敵人不過是建文帝派來的幾個人而已。果然，他設計

除掉建文帝派來的幾位大臣以後，他那些曾經依附於建文帝的許多舊部就紛紛倒戈，投入到自己的陣營來。

朱棣當上皇帝以後，他更是把自己有恩必報、有功必賞的傳統發揚光大。那些原本是王府中的親兵首領，地位卑微的基層軍官，許多都封公封侯，成為朝中新貴。這些人的子孫也享有特權。朝廷原來規定，功臣子孫襲職，必須經過考試。朱棣發了一個飽含感情的告諭說：「朕見到參加考試的功臣子弟，不覺愴然。舉義之初，他們的父兄忍飢冒寒，艱苦百戰，不幸為國捐軀。今觀其子弟皆稚弱，未必熟悉武藝。如果因此而絕其俸祿，何以自存！可令其先襲職，長成後再考試。」

更難得的是，朱棣的有恩必報並不僅僅限於那些「用得著」的人。即使是卑微之人，他也銘記不忘。他曾專門下旨，表揚那些在戰爭中出過力的普通百姓。北平、保定等地的婦女曾協助燕軍守城，有的運磚運石，有的運水澆城。對此，朱棣分級給予賞賜。例如，對於保定守城運磚婦女，就「每名賞鈔一百貫，絹一匹，棉花三斤」。

顯然，朱棣的種種作為，無不遵循著交換定律。也正是這樣，加深了他與自己扶植起來的新貴的感情，大大鞏固了自己的統治基礎。

大官怕小吏

同樣是明朝，一代名相張居正深知官場上的種種弊端與權謀，圓熟地游刃其間，最終憑一己之功，造就了大明一朝的中興大業。但這樣一位可說是當時最能幹的大臣，卻富有

深意地講述過一個大官怕小吏的故事。他說，軍隊將校升官，論功行賞，取決於首級。一顆一級，規定的清清楚楚。從前有個兵部（國防部）小吏，故意把報告上的一個字洗去，再填上一字，然後拿著報告讓兵部的官員看，說字有塗改，按規定必須嚴查。等到將校們得知消息並賄賂他後，這位小吏又說，字雖然有塗改，仔細檢查貼黃，並無作弊，於是兵部官員也就不再追究。講到這裡，張居正問道：將校們是升是降，權力全在這個小吏一己私意的翻覆之間，你不賄賂他行嗎？

當時，將校們很少有不冒功的。號稱斬首多少多少，其中多有假冒。追究起來，他們砍下來的很可能是當地百姓的腦袋。如果沒有人追究，這些腦袋就堂而皇之成為戰功，大家升官發財，萬事大吉；但如果有人追究，這些腦袋就很容易成為罪證，這些將校們很可能遭到貶官、殺頭。所以，別看那些將校們的品級高出這位小吏很多，但他們的命運卻操控在他的手中。這個故事從反面證明：處在高位者同樣需要與處在低位者進行交換交易的道理。

事實上，這也就構成了處在較低地位者勇敢地站出來，與處在較高地位者進行交換交易的理由。因此，對於處在較低地位的人而言，所要解決的問題只是：對於和誰進行交換交易，處在較高地位的人可能擁有更多的選擇，關鍵是要讓他「選擇」和你進行交換交易！

袁世凱何以發跡

歷史反面人物的交換交易策略

　　傷害必須一下子完成，這樣一來，臣民們
受到的損傷少，他們的怨恨也就少；而恩惠則
應該一點一滴地施與，以便使他們可以好好品
嘗恩惠的甜頭。施恩與受惠一樣，都會產生責
任感，這乃是人類的本性。

馬基雅維利（Niccolo Machiavelli, 1469-1527）因他的名著《君主論》（*Il Principe*）而名揚世界，也因為他提出的「馬基雅維利主義」而備受爭議。但認真研讀他的著作，其中有很多觀點確實值得人們仔細思考。譬如，他曾提出這樣一個問題：歷史上一些極端殘暴的統治者為什麼能長期擁有權力？他分析得出的結論也很有意思：他們能夠巧妙地施加自己的殘暴。

馬基雅維利還進一步指出，我們須注意在奪取一個國家的時候，占領者應該審度所有一切對他來說有必要犯的罪行，而且要畢其功於一役，以免自己不得不每日不斷地重複這些罪行。傷害必須一下子完成，這樣一來，臣民們受到的損傷少，他們的怨恨也就少；而恩惠則應該一點一滴地施與，以便使他們可以好好品嘗恩惠的甜頭。**施恩與受惠一樣，都會產生責任感，這乃是人類的本性。**

施恩與受惠

顯然，其中已包含交換定律的原則（在《君主論》一書中，我們還可以從很多論述中看到這一點）。而袁世凱的發跡歷程，則給了我們很大的啟示。

傳統說法認為，當初袁世凱告密出賣維新派，直接促使慈禧太后發動政變，最終導致戊戌變法失敗。也就在此後，袁世凱便以慈禧太后和榮祿為靠山，走上了飛黃騰達的捷徑，甚至還做了83天的皇帝夢。戊戌變法失敗後，當時社會上流傳著一首歌謠，諷刺袁世凱這種出賣維新派的作法：

「六君子，頭顱送。袁項城，頂子紅。賣同黨，邀奇功。康與梁，在夢中。不知他，是梟雄。」

但是，從另一角度看，袁世凱卻又是晚清至民初歷史的一個樞紐人物。

《辛丑條約》簽訂後，為了維護搖搖欲墜的舊統治，清政府正式發出上諭，開始推行新政，陸續頒布了一系列法令。袁世凱贊同「新政」。在山東巡撫任上，他就開始貫徹執行清政府的諭令，並於1901年提出了籌辦新政的10條辦法，包括整頓吏治、改革科舉、振興實業、增強軍備等等，山東也成為全國最早推行新政的地區。1901年，袁世凱署理直隸總督兼北洋大臣，第二年改實授，這成為他步入晚清政壇權力頂峰的起點，也使他成為推動新政最重要的人物。

1902年，清廷任命袁世凱兼任練兵大臣，負責編練新軍。袁世凱乘機開始編練北洋常備軍，即北洋軍。1905年編成北洋軍6鎮，共6萬餘人。除第一鎮外，其餘5鎮的統制（相當於師長）都是袁世凱的嫡系親信，統領（旅長）、統帶（團長）則都是他在天津小站練兵時的舊班底。這樣，北洋派系軍人自成一個體系，其他勢力根本進不去。透過增練新軍，再加上在政界培植了許多黨羽，袁世凱逐漸培植起以自己為核心的北洋軍事政治集團。這一集團對於民初的政治具有莫大的影響力。

袁世凱的權力基礎

袁世凱沒受過正規的軍事教育，但他自從投效軍營後，對軍事上的事情都能處處留心。他一方面細心鑽研有關操

典、戰術一類的軍事書籍；另一方面，不論部隊出操或野外演習，他都跟著觀看。袁世凱因襲湘、淮軍閥的舊習，固守「兵為將有」的成規，把軍隊緊緊控制在自己手裡，為自己奠定了牢固的權力基礎，最終成為一代梟雄的過程，就包含著交換定律的無窮奧妙。

第一，注重幕僚和軍官的選拔。

袁世凱把那些多年追隨他的「家兵家將」大都安插在重要位置，以充當爪牙和耳目，例如徐世昌等。又用官祿籠絡了一批軍事學堂的畢業生，其中包括段祺瑞、馮國璋等。此外，袁世凱一向把自己視為淮軍的後繼人，為此，他廣為招納淮軍舊將，以示自己在延攬人才方面一視同仁。

第二，極力控制士兵。

袁世凱認為練兵的秘訣「主要在練成『絕對服從命令』。我們一手拿著官和錢，一手拿著刀，服從就有官有錢，不服從就吃刀。」這是赤裸裸的「棍子與胡蘿蔔」的策略。他向官兵進行思想灌輸，讓官兵相信他就是大家的衣食父母──只有聽命於他，才能升官發財；只要聽命於他，就能升官發財。

為了加強對士兵的控制，他還專門編寫了《勸兵歌》，對士兵進行政治灌輸。在部隊練兵時，他對各級軍官和幕僚，甚至棚頭弁目，幾乎都能認識，並且還能大致了解每個人的脾性以及長處、缺點。為了杜絕過去軍營中吃空額、冒領等弊端，在每月發放餉銀時，袁世凱都親自點名，按名發給。

第三，有效籠絡幕僚。

袁世凱的文膽阮忠樞曾是他的文案。有一次，阮忠樞告訴袁世凱，說他看上了天津一個叫小玉的妓女，想納爲小妾。袁當下義正辭嚴駁斥，說這是有礙軍譽的事。阮見狀只好作罷。

過了不久，袁說到天津有公事，邀請阮一同前往。下車後，天色已晚，袁邀阮先去看一個朋友。他們走進一個院門，看到屋子裡鋪設得異常華麗，堂上紅燭高照，並且擺著一桌很豐盛的酒席。剛進入裡屋，便見一個丫頭一面喊著「新姑爺到了」，一面從裡間屋裡攙扶出一個新娘打扮的俏麗佳人。阮當時不明就裡，如入雲裡霧裡，仔細一瞧，才知道便是自己一直想娶的那個小玉。

原來，袁世凱在阮忠樞和他說過之後，就秘密派人給小玉贖了身。等到把事情辦妥了，他才領著阮忠樞一同前來。從此，阮忠樞就更加死心塌地效忠袁世凱，直到袁世凱稱帝都始終如一。

第四，嚴密控制屬下。

袁世凱任山東巡撫時，爲了解山東各府州縣的情況，他經常派員去分頭密查。他總是先派一個人去，接著再派另一個人到同一個地點去查同一件事情。這兩個人都對他直接負責，但彼此之間誰也不知情。如果他們所查的結果互不相同，他還是照以前的辦法另外再派兩個人分頭去查，然後再把所查的結果和上次的對照。對查報眞實的予以獎勵，對謊報不實的則進行處罰。他在擔任直隸總督時也經常使用這種方法。

袁世凱曾對兒女們說：「做一個長官，最要緊的是洞悉下情，只有這樣，才能夠舉措適當，如果受著下邊的蒙蔽，那就成了一個瞎子，哪有不做錯事的？」

我們注意到，袁世凱培植自己的權力根基，已經開始利用制度性機制。換言之，就是在制度性機制中建立起父愛主義的「家族機制」。而這一點，對於今天的人們來說，還是具有一定的啓發性。

單位內部的權力結構

然而，無論是朱棣，還是袁世凱，他們個人的發跡史抑或對權力基礎的體認，都算是特殊經驗，不一定具有普遍適用性。下面，我們就以大家都很熟悉的「單位」內部的角色構成來作進一步分析，以說明爲什麼處在高位者還需要和處在低位者進行交換交易。

一般來講，一個單位內部的眾多成員都有特定的角色定位。譬如，領導者與被領導者的區分，單位元老與單位新成員的區分，單位幹部與一般工作人員的區分，畢業學校的區分，工作經歷的區分等等。從不同的角度出發，對每個人角色的定位就有所不同。但是，**所有的角色定位都圍繞權力這一主軸展開，事實上，也就是個人基於制度機制所掌握的交易資源而展開。一個人在單位內部承擔什麼樣的角色，根本上就取決於他在單位內部權力結構中的定位。**

在任何一個單位內部的權力結構中，儘管一般都帶有現代科層制的色彩，但是單位成員的角色定位又不全都是由科

層制所決定的。這是因為，權力在本質上是指一個行為者或機構影響其他行為者或機構的態度和行為的能力。這種影響力不僅取決於該成員的職位，而且還受到「關係」的影響。顯然，**依靠職位而取得的權力外顯在正式制度當中，依靠「關係」而取得的權力則隱藏在正式制度之後**。在現實生活中，後一種權力往往具有無形的「殺傷力」。「關係是權力之源」的說法或許過於極端，但卻說明了這一現實。

依職位而取得的權力

在正式制度構成的權力結構中，按照職位權力承擔者地位的高低，可以把職位角色分為：

1.核心角色——指權力中樞的占有者與承擔者；

2.參與角色——指能夠進行決策圈、靠近權力中心、優先獲取信息的特權者；

3.邊緣角色——指處於決策圈之外的外圍人員。

靠關係而來的權力

在正式制度之後的權力結構中，憑藉著情感、利益甚至是性格關係等紐帶形成的非職位角色，按照人際關係可以分為：

1.支持角色——以特定的權力占有者與承擔者為中心，形成的「嫡系」集團；

2.反叛角色——指對權力占有者進行對抗和抵制的「異端」集團；

3.中間角色——指對權力占有持無所謂態度的「逍遙」

集團。

這裡，我們就可以清楚地看到，兩種權力結構所展開的邏輯序列：

核心角色——參與角色——邊緣角色
支持角色——反叛角色——中間角色

顯然，這兩種權力結構並不完全統一，相反，活生生的現實一再提醒我們，二者往往是矛盾衝突的，甚至還是十分激烈、直接的衝突。如果把這種角色分類與成員的心理活動結合起來，一個單位的權力格局就呈現出異常複雜的情況。也就是說，參與角色並不一定就是支持型角色，邊緣角色也不一定就是反叛型角色，職位角色與非職位角色之間並不存在著嚴格的對應關係。

事實上，同為核心角色的不同人之中，相互之間可能屬於反叛型角色，這就是我們通常所說領導階層內部的矛盾。邊緣角色可能是支持型角色，這就是我們所說的領導權威有著廣泛的群眾基礎。

一個單位所包容的兩大角色結構體系，使其內部產生了錯綜複雜的社會關係。單位為其內部各種角色中間的衝突與較量提供了制度化的空間。就像農村社會中的家族內部充滿著難以破解的紛爭一樣；單位內部也充滿著各種角色之間的利益與權力之爭。農村家族內部紛爭的解決訴諸於倫理機制，即通過家長權威和地方鄉紳的文化影響力來化解。而單位內部的紛爭是通過行政機制來解決的，像是通過單位最高首長的裁決，或通過上級主管部門的調解和裁決來化解。而後者的出現，一方面證明單位內部核心角色之間的衝突，已

經超出了單位自身的調解機制所能容納的範圍和程度；另一方面，則說明了**以倫理為基礎的「父愛主義」的「愛護機制」有其存在的必要性**。在這種機制之下，核心角色要想維護和鞏固自己的權力基礎，必須借重倫理基礎的權力結構，沿著「核心角色——支持角色——中間角色」的路徑，培植和擴大自己的支持體系，也就是建立起自己廣泛的群眾基礎、權力基礎。

18

贏得信任
在「關係本位」社會中找到「自己人」

在中國這樣一個特別重視關係的社會裡，
現實的基本選擇是：特殊信任優先、兼顧普遍
信任，亦即以依靠「自己人」為出發點，同時
注重形成和強化共同體認同感。

前面提過，持續的、反覆的、長期的交換交易是產生信任、感激和責任的前提，也講到了一個單位內部基於倫理色彩的非正式權力結構。這兩點都與一個重要的概念相聯繫：關係。我們可以說，「關係」構成了非正式權力結構的線條，也是日常生活中人們稱呼信任的一個代名詞。

「關係」在華人社會裡受到普遍重視，構成人與人之間進行交換交易的重要渠道和紐帶，也是區分「自己人」與「外人」的重要標誌。

強關係與弱關係

那麼，關係具有什麼樣的特徵呢？

有國外學者基於人與人之間互動的頻率、感情強度、親密程度和互惠交換四個方面的尺度，把人們之間的關係劃分為強關係和弱關係。並提出，強關係存在於同一個群體內部，弱關係則存在於不同群體之間。

一般來說，由於同一群體內的人同質性較強，因而難以得到新的信息；而弱關係的人分屬於不同群體，群體之間異質性較強，因而弱關係可以當作信息傳遞的橋梁。這說明，弱關係在創造可能的流動機會中是一種重要資源。

因此，**當一個人的人際關係圈越具有多元性特點，他可能獲得的機會越大；如果一個人只是局限於和相同經歷、相同性格、相同年齡、相同專業背景的人打交道，那麼他的生活圈就會越來越狹小，機會也會越來越少。**

人際關係組合類型

在區分強關係和弱關係的時候，我們還要注意到，人們之間的關係是發展變化的，是一個動態的過程。因而，對關係的的區分至少可以建立在兩個時點：過去和現在。譬如，兩個人過去是同學，交往密切頻繁，無話不談，互相幫助，那麼他們之間肯定是強關係；但在畢業以後，天各一方，交往慢慢減少，感情慢慢變淡，更談不上互相幫助，就成為一種弱關係。如果用兩個時點來判斷，就是一種強弱關係。這樣，人際關係至少可以組合成六種不同的類型（見下表）。

人際關係組合類型

過去交情	現在交情	關係組合類型
無	弱	差
無	強	強
弱	弱	弱
弱	強	很強
強	弱	普通
強	強	極強

在了解人與人之間的相互關係時，我們要注意以下幾種特別的情形：

一、重新激發的強關係。

在各種強弱關係類型中，有一種非常有意義的強弱關係。一些過去要好的朋友（同鄉、同學、戰友、鄰居等），儘管現在很少有來往，甚至是多年不來往，一旦重新見面，

潛伏著的關係就容易被激發。這種關係在華人社會一般說來是相當靠得住的，不但靠得住，還會相當管用。因為到這個時候他們大多數都分屬於不同的群體，可以互相提供信息或者其他的幫助。

二、工具性的強關係。

在關係發生作用的過程中，人們常常會發現：並不是某種單一的關係產生作用。譬如說，A與E發生強關係，往往並不是A與E直線相連。一種可能的情況是：A找到B，B找到C，C又找到D，D再找到E。這樣，產生作用的是一個關係的鏈條，其動力是工具性的聯繫。因此，我們可以得出這樣的結論：強關係也可以獲得信息，更可以獲得某種影響力或資源。

三、比較優勢型的強關係。

具體而言，就是與弱關係相比較呈現出一定優勢的強關係。當強關係與弱關係發生衝突時，強關係一般都要比弱關係有力量。即使弱關係有法理性的契約作保障，但它仍然很可能在中國特殊的人際關係中退讓。

但是，僅僅用強關係和弱關係來區分「自己人」和「外人」還不夠。要區分和判斷「自己人」和「外人」，還需要對中國人的處世哲學有一些了解：

1.總的原則：差序格局。我國是一個典型的倫理社會，人情世故總是以親緣關係為基礎建立起來的，這是中國人信任產生的天然基礎。有關中國傳統文化和社會的研究中，人們都普遍認同，中國社會是一個「關係本位」的社會。**關係建構的核心是血緣家族關係，人們就是以這種關係為基礎，**

由內而外，層層建立起與血緣家族關係之外其他人的社會聯繫。人與人之間的血緣關係是先天賦予和無法改變的，因此，在後天生活中，人們就透過其他方式，如認乾親、套關係、做人情等，將這種先天的血緣關係進一步泛化、擴展和延伸到與沒有血緣聯繫的其他人的社會交往當中。最後，形成的是費孝通先生所講的「差序格局」。

韋伯曾對東西方的信任文化作了理論性的概括，他指出存在著兩種信任方式：即特殊信任（以血緣性社區為基礎，建立在私人關係和家族或準家族關係之上）和普遍信任（以信仰共同體為基礎）。他認為，中國人只信賴與自己有私人關係的他人，而不信任外人。其信任行為屬於特殊信任，這與基督文明中人們普遍的信任構成了鮮明的對比。因此，在中國這樣一個特別重視關係的社會環境中，現實的基本選擇是：特殊信任優先、兼顧普遍信任，亦即以依靠「自己人」為出發點，同時注重形成和強化共同體認同感。

2.交往目的：互相提供依靠和幫助。做人的重要性決定了處世事務在中國人心目中的地位。事實上，對於絕大多數中國人來說，處世並不僅僅被視為一般的人際交流、相互配合和保持融洽關係，甚至被作為一種謀生手段看待。在人們的一生中，許多人在與他人交往上花費了大量的精力和資源，只要有機會，盡可能地結識新關係，只要有需要，就精心地維護老關係。多一個關係，自己的生活就多一份保障，就多一份收穫，自己的成就感也會大一些。

3.交往模式：小範圍交際。人們的交際交往只與那些能夠給自己提供幫助的對象進行，而不輕易與無關的其他人進

行，這些人就構成了人際交往的小圈子。這個小圈子通常存在於日常生活、學習、工作所涉及的範圍，包括親戚、同學、鄰居、同事等。對於一個中國人來說，這個小圈子所涉及的範圍大概在50個人左右，通常不會超過100人。

4.行為準則：親疏分明、內外有別。由「差序格局」而形成的「關係」，通常表現為社會網絡資源，主要包括家族血緣關係和其他諸如同鄉、師生、同學、戰友、朋友、同事等一般性的交往關係。其中，同鄉、師生、同學、戰友、朋友、同事等關係是中國社會建構的重要組成部分，往往構成社會交換內化、信任產生的自然條件。

誰是「自己人」？

從這樣的處世哲學出發，結合現實生活的實際情況，我們就可以大致把中國人區分、判斷「自己人」和「外人」的標準勾畫出來：

1.血緣和婚姻關係。所有的人際關係中，唯獨血緣關係是天生的、不可改變的。從某種意義上講，也是最牢靠的關係。婚姻關係雖然不是先天的，但也是一種最強的關係類型。

2.老鄉、同學和戰友關係。老鄉具有共同的人文地理背景，相互之間有天然的親近感。相同的教育經歷使同學具有很多共同語言，特別是高學歷的人更是如此。曾國藩用兵最喜歡用湖南人，中國歷史上最成功的兩大商幫晉商、徽商，不管走到哪裡，都是老鄉緊密團結、互為支持，才成就歷史性的輝煌。而美國總統一旦競選成功，任用的人裡面往往會

有老同學、老校友。戰友同生死、共患難，是一種能夠與老鄉、同學關係相提並論的人際關係。

3.鄰里關係。俗話說，「遠親不如近鄰」。鄰居間「低頭不見，抬頭見」，多少會有一些接觸。一來二往，面孔熟了，關係自然就近了。

4.主管和同事關係。無論你在哪裡工作，一定會有一個頭頂上司，你的大部分工作都需要和他共事。你與上司的關係如何，將會對你的事業發展產生極為重要的影響。至於同事之間，一部分因為利益衝突，要達到真正的、長期的和諧幾乎是不可能的；但也有相當一部分人共同工作、共同創業，也會有許多共同語言，可以互為支持。

5.合作關係。或者是生意場上打交道的客戶，還是共同創業的夥伴，抑或是工作上的聯繫而認識的人，都可能因為長期的、反覆的交易交換，而建立起私人關係。

19

積聚資源的捷徑

把「外人」轉變爲「自己人」

中國人設計了一條獨具特色的路徑,以把
信任向非血緣和家族之外傳遞,這條路徑就是
將外人納入自己的「關係」之中。通俗地說,
就是把「外人」變成「自己人」。

　　有人說，「30歲以前靠專業賺錢，30歲以後靠人際關係賺錢」。還有人說，在一個人追求快速成長的過程中，人際關係幾乎占60%的重要性。你的人際關係資源越豐富，認識和交往的對象層次越高，你成長的速度就越快。

　　譬如說，假如你有最強的能力、最好的產品，可是你卻不認識一個人，你覺得你能夠賺錢嗎？事實上，大部分人的收入不高、成長不快，最重要的原因就在於缺乏人際關係資源。因此，你必須隨時隨地建立人際關係，形成一個足以應付任何困難的人脈關係網。不僅要找到「自己人」，還要學會把「外人」轉化爲「自己人」。

信任的產生和增強

　　建立自己的人際關係網，一個基本前提就是在「關係本位」的社會中建立起信譽，取得別人的信任。這可以說是一個人最重要的戰略資源。透過對下面這個人際關係中信任產生的模型進行分析，可以得出一個結論：**信任的產生和增強過程，就是社會交換從外部交換向內部交換轉化的過程。**

　　從交換交易的模式看，這個過程主要包括以下幾個階段：

　　1. **互相試探階段**。這時，人們對交換交易關係的對方不負有任何義務感；人們都還在互相尋覓夥伴，以便建立某種比較穩定的交換交易關係。

　　2. **嚴格交換階段**。這時，以個人對交換交易中得失結果的精確計算爲基礎。交換交易的雙方同意互相施惠與受

惠，但不過是純粹的「公平」交易，彼此期待互惠的交換，
期待互相及時地提供資源。在這個階段，如果一方不對自己
獲得的資源作出回報，交換交易關係就終止了。同時，交換
雙方一直在留意四周，觀察有沒有更好的交換對象。因此，
嚴格交換交易關係的前景往往是雙方關係的消失而不是擴
展。

關係─信任模型

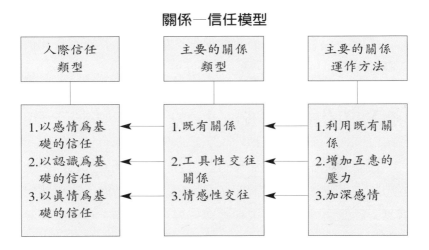

3. **信心增強階段**。在這個階段中，信任的產生以個人
對交往對象的認知、了解為基礎。常常表現為交換交易關係
的一方願意承受短期的損失，並相信這損失在未來會得到對
方的補償。同時，交換交易雙方也都在留意，看還有沒有其
他來源可以獲得回報，但他們將這種其他來源與現存關係的
長期回報相比，而不是只與眼前的後果相比。不過，信心增
強階段也有可能回轉到嚴格交換階段，而不大會發展到下一
個階段。這就是**「相識滿天下，知心無幾人」**的道理。

4. **互負義務階段**。此階段，交換交易雙方在感情及認知上的相互認同構成了信任的基礎。雙方不再考慮有沒有其他來源可獲得回報，他們已經完全爲現存關係所吸引。只有到這時，交換交易關係才算是達到了親密無間的程度，並建立起眞正的相互信任。

如何建立信任關係

那麼，我們又要如何才能很好地把握住，眞正建立起信任關係呢？

仍以中國人人際關係的核心——家族爲例。「家雞被打團團轉，野雞被打滿天飛。」中國的一句俗語雖不能正面回答這個問題，卻足以生動地說明家族內外信任有別的緣由。

血緣關係和親緣關係具有不可替代的凝聚力，它們帶來的忠誠使得家族內的協調即使在出現衝突的時候，也會相對容易。除此之外，當家族利益與外界利益相衝突時，保護家族利益似乎就成了天經地義，因爲「胳膊」是決不能「向外彎」的。因此，**建立信任，首先就要正確認識和區分「自己人」、「盟友」和「對手」。**

在日常生活中，我們常常聽到「自己人」、「自家人」的說法。對此，韋伯和福山在關於中國人信任的論述中，有一個重要的論斷，即：**中國人的信任是建立在親戚關係或親戚式的純粹個人關係上，人們對基本血緣關係形成的圈子裡的「自己人」容易產生特殊信任，而對這個圈子外的「外人」普遍不信任。**大量經驗事實證明，這一論斷有其偏頗之處，

但也反映出一定的道理，值得我們借鑒和運用。

「自己人」畢竟數量有限，而「外人」又不敢輕易委任。因此，交換定律告訴我們，一定要堅持將「外人」變爲「自己人」的策略。這才是成功人士的致勝之道！

我們已經知道，中國人一方面對「外人」有一種天然的不信任感，但又並不完全排斥「外人」。中國人設計了一條獨具特色的路徑，把信任向非血緣和家族之外傳遞，這條路徑就是將外人納入自己的「關係」之中。通俗地說，就是把「外人」變成「自己人」。

在中國這個「關係本位」的社會，其核心是家族和血緣的聯繫，但是這並不等於說只有本家族和有血緣關係的人才是「自己人」。透過關係運作的方式可以把「外人」變成「自己人」，「外人」和「自己人」之間的關係有時候是可轉化的。

事實也證明了。隨著社會化程度提高，人們的交往不再拘泥於家族內部，而是有很多的「外人」。那麼，如何與「外人」交往？與「外人」交往最安全的路徑是什麼？

衡量人際交往的三要素

毫無疑問，下面這條路徑是最主要、最現實的選擇：

外人──熟人──自己人

譬如，一個人身在異鄉，一旦確認對方和自己是老鄉，一股親切感油然而生，如果是校友，那更是親上加親。古時結爲異姓兄弟也是同理。因爲只有在「自己人」之間，才好彼此用「情」，然後互相關照、互相信任。一旦對方逐漸成

為「自己人」，就等於坐在一條船上，同進同退，事情就好辦了。

這也充分說明，**社會交換交易的密切化，更多取決於人際信任的產生和增強**。要具體衡量你與某個人之間的信任，衡量一個人是否屬於「自己人」，可以根據以下三個要素來評價：

1. **交換頻率**　指在一定時間內雙方進行交換交易的次數。交換交易必須是重複的、長期的關係，一次性交換交易不可能產生信譽。

2. **交換深度**　指交換交易中發自內心的程度或交換交易形式廣泛多樣化的程度。兩人越交心，相互越了解，過得著的事情就越多，相互間滿足內心深層的欲望就越充分，交往時就越能處於自發狀態。反之，交往越是表面的、客氣的或虛假的，交往就越膚淺。

3. **關係牢度**　是指兩個人雙方在心理上相互吸引和依賴的程度。兩個人的關係越穩定就越不易受環境變化的影響而疏遠。單純由於非心理上的原因和外部利害關係也會導致個人關係很「鐵」，但它是靠外部條件維繫的，其關係的維繫基於對這一關係的破壞，可能對雙方都造成很大的傷害甚至是毀滅性的打擊，所以不能說有很強的牢度。

交換頻率、交換深度、關係牢度這三個要素緊密相連，成為評價人際交往關係程度的綜合性體系。但我們同時又看到，衡量人際交往的這三個要素又經常是矛盾的。例如，我和同一個辦公室的某位同事交往頻率很高，但僅僅限於工作關係，並不深，更不具有特殊的信任關係。我和幾個老同學

關係特牢，可交往並不頻繁，甚至一年還打不了幾通電話。這就是人際關係的複雜性。交往頻率高並不表示心理距離一定近，交往很深關係未必一定牢固。交往頻率的高低取決於雙方在學習、工作或生活中相互地理距離的遠近，另外也取決於雙方相互需要的急迫程度或一方需要另一方的急迫程度，以及心理上的認同和依賴程度。

我們無法確切說出信任是在哪一瞬間形成的。正像往瓶子裡一滴一滴加水，總有那麼一滴使瓶子裡的水溢出；在一系列表示友情的行為中，總有那麼一天會使對方感動。

破解「奧爾森困境」

如何在大集團中實現交換利益最大化

　　「山頭主義」是人們生活中經常會碰到的問題，而西方經濟學的理論也證明：建立和壯大自己的「山頭」、削弱和消滅別人的「山頭」，常常構成一個人能否站穩腳步、有所作為的關鍵。

　　我們常常碰到這樣的情形：就某一項能促進整體利益的集體行動徵求意見時，總是有很多人並不積極，甚至還會以各種各樣理由加以阻撓。這反映了集體行動的一種困境，用西方經濟學的概念來講，就是**集體行動邏輯中的「奧爾森困境」**。

　　一般人認為，大集團容易凝聚更多的利益群體，也因此具有更大的力量。但是，著名經濟學家奧爾森（Mancur Olson）在其《集體行動的邏輯》一書中，在對集團行為進行深入研究後，卻得出一個驚人的結論：**在集體選擇過程中，在許多情況下，多數人未必能戰勝少數人。**

追求個人私利最大化

　　與傳統的利益理論一樣，奧爾森教授也從個人的利益與理性出發，來解釋個體利益與集體利益的關係問題。但是，他卻得出了與傳統利益理論完全相反的結論：個人從自己的私利出發，常常不是致力於促進集體的公共利益，個人的理性不會自然促進集體的公共利益。他認為，不管小團體的還是大團體的成員，他們無時無刻都在追求最大的個人利益。在大團體中，團體成員追求個人利益最大化卻不會促進公共利益。

　　首先，同一團體的成員雖然抱持共同目標，有著一致的利益，但是，這些成員之間同時存在著深刻的利益衝突。在大團體中，這種利益衝突往往大於一致的利益，嚴重妨礙實現集體的公共利益。

其次，公共利益本身的性質使得大團體很難有真正的集體利益。奧爾森指出，經濟學家通常把政府所提供的共同利益或集體利益稱之為「公共利益」，這是一種沒有為它付出代價的人也能享用的利益（非排他性）。這種性質決定了，大團體中任何個人的努力對其所在組織的狀況的影響微不足道；不管他是否對其組織作出貢獻，他都能夠享受由他人的努力所實現的利益，於是產生「吃大鍋飯」的心理。而且，集團越大，這種現象越普遍、越突出；集團越小，反而容易達成一致，推動各成員為集體利益做出貢獻。

最後，大集團的組織成本也阻礙其難以增進他們自身的利益。奧爾森認為，集體越大，增進集團利益的人獲得的總收益的份額就越小，而且這一收益常常不足以抵銷他們個人所支出的成本。因此，如果沒有強制或獨立的外界激勵，大集團一般不會為自己提供哪怕是最小數量的物品。

奧爾森集體行動理論的提出，引起了社會大眾的爭論。但是，不管其結論如何，從交換理論看，卻與我們的現實經驗相吻合，具有深刻的啟示意義：在大集團中建立自己的「小集團」，在小集團內部和透過小集團進行交換交易，是為自己謀取更大量交換利益的捷徑。可以說，這是大集團中不同派別集團形成的強烈動力。換言之，也就是不同「山頭」形成的強烈動力。

派系結構的形成

什麼是「山頭」？通俗地講，就是同一個單位中的不同派系。這是一種基於資源稀缺而形成的利益分配機制，其目

標是透過建立以權力占有者爲中心的權力結構、爭奪有限的資源。

我們前面已經分析過兩種不同的權力結構：

核心角色——參與角色——邊緣角色

支持角色——反叛角色——中間角色

在一個單位內部的兩種權力結構中，透過正式制度機制而擁有職位權威的核心角色，占據了分配資源的特權地位，所以，他自然成爲派系結構的焦點。派系正是圍繞著核心角色，透過核心角色（一般而言就是單位主管）和支持角色（部分單位成員）之間的「互惠」而展開的：即以單位內某一級別的某個主管爲樞紐，呈分散狀延伸出去。而在同一級別內，由於競爭形成幾個分裂的單位，構成幾個上下延伸、平等斷裂的關係網絡。

派系是單位內基本的權力結構，這個結構並不完全等同於正式的權威結構；派系也是單位內基本的利益結構，是利益規定了其基本的結合方式；同時，派系還是單位內基本的行動結構。在一個單位中，當人們面臨利益競爭時，這種行動結構的特點表現得最爲明顯。

派系結構是不斷再生產出來的。單位成員對利益的計算、權力分布的認識、派系力量的對比估計及其實際的行動方式會不斷再生產出派系結構。每一派系結構都有其核心和邊緣成員，也有少數成員不屬於任何派系。每一個體的行動都在一定程度上表現了那一時刻的派系結構的情況。隨著權力關係、實際力量及制度環境的變化，派系成員的組合方式及實際關係也在不斷變化。

　　單位內的派系結構是單位運作的基本形式。這種形式隱藏在表面的科層結構之下。**當單位的某個領導人準備貫徹自己或上級的意圖時，除了按正式權威途徑要成員行動外，更重要的是透過其他方式（交換、暗示、許諾、命令等）動員自己在各處的派系力量，依靠他們來實現目標。**

　　派系中的核心成員往往是積極份子，與其派系領導有著極強的庇護關係；邊緣份子一面表示支持，一面觀察風向，透過各種途徑和信息對派系力量進行不斷的估計認識。積極份子往往比邊緣份子擁有對形勢更準確的認識，當他們感到自己的派系力量面臨崩潰時，他們也可能蛻變為邊緣份子，甚至依附於其他派系。此派系的積極份子相對於彼派系來講，往往就是強硬的反對份子。

　　單位內的各派系之間、派系內的積極份子與邊緣份子之間，以及在各派系間搖擺的非派系份子存在著一個複雜的博弈過程。每個成員都依據自己對形勢的認識，建構起一個派系結構圖，並根據這個圖示決定個人的行動策略。

個人行動準則

　　「山頭主義」是人們生活中經常會碰到的，而西方經濟學的理論也證明：建立和壯大自己的「山頭」、削弱和消滅別人的「山頭」，常常構成一個人能否站穩腳步、有所作為的關鍵。對於「山頭」，關鍵還是要建之有「道」、用之得「時」。一般來說，我們要注意把握兩大行動準則：

　　第一準則：把自己納入關鍵人物的戰略體系。

第二準則：與重要夥伴結成戰略協作關係。

以下針對如何實際運用上述準則，作一簡要說明。

第一步　進行戰略定位：認清形勢和人際格局

毛澤東在《中國社會各階級的分析》提出：誰是我們的敵人？誰是我們的朋友？這個問題是革命的首要問題。中國過去一切革命鬥爭成效甚少，其基本原因就是因為不能團結真正的朋友，以攻擊真正的敵人。建立在這樣的方法論基礎上，我們認識到：**關鍵不在認識誰，而在想認識誰，想達到什麼樣的目標**。只有這樣，才能真正把握所有人事格局的關鍵，才能在複雜的人際關係中如魚得水。

第二步　建立戰略基礎：尋找關鍵人物及其關鍵因素

當你有意識地擴大非正式權力的時候，首當其衝的挑戰就是識別關鍵人物：**他們能夠幫助你達到目的，獲得你所期望的結果，並幫助建立起長遠的發展前景**。識別關鍵人物並與其建立特殊關係，甚至把你納入其戰略體系，是最最緊要的問題。

如何才能識別真正的關鍵人物？又如何才能把自己納入關鍵人物的戰略體系？我們可以不停地追問下列問題，以得到答案：

——在你身處的機構中，誰的權力和影響力最大？

——誰的權力和影響力對你的工作和事業最具決定性作用？

——哪些人在機構中呈上升趨勢，又有哪些人已經到達

頂峰，或者已經在走下坡？

——在以上所有這些人之中，哪些人又與你最「情投意合」？

——你所做的工作裡，哪些最能獲得上級主管的注意和支持？

第三步　鞏固支持系統：與重要夥伴結成戰略協作關係

　　建立起自己的戰略基礎後，還涉及一個關鍵問題，任何個人的成功都需要足夠的人給予幫助和支持。事實上，圓滿地完成工作不僅意味著簡單地處理完手頭的工作，它同時也意味著，為將來建立自己的關係網絡。

　　美國總統富蘭克林·羅斯福曾經這樣評價自己說：**我不是世界上最聰明的人，但是我肯定我能挑選出最聰明的同事**。這或許只是一種謙辭，但道出一個真理。因此，在你的事業生涯中，時常想一想下列問題吧：

　　——你如何決定誰是你的關鍵所在？

　　——哪些內部和外部的人需要你的特別關注？為什麼？

　　——你最倚賴哪些人和部門來完成你的工作目標？

　　——從未來發展的趨勢看，誰又最能影響和決定你的個人事業發展？

第四步　尋求持續發展：對戰略聯盟的維護與強化

　　這一步驟是從動態發展的角度對前三個步驟的綜合。要敏銳地觀察在自己的生活中掌握生殺大權的人物所關心的事

情。與重要夥伴建立同盟或夥伴關係，拓展恰如其分的政治活動領域。要清醒地意識到：**與有助於實現個人目標和理想的人建立緊密的聯繫，只停留在社交層次上是遠遠不夠的。這是我們分清事情輕重的一把尺。**要主動把自己融入一個團體，發自內心地認可、欣賞他人，而且願意幫助他人，真正把夥伴關係建立在牢靠的基礎上。要與享有權力和地位、對你當前工作和將來事業發展有益的人建立關係網絡。

水泊梁山的傳奇故事

憑藉「山頭」走上權力的巔峰

在「山頭」政治中，往往是「一人得道，雞犬升天」。而一個領導者，要想始終掌握主動權，就必須有效整合不同背景、不同價值觀、不同態度的眾多「山頭」，造就一個卓越的團隊。

　　基於理論分析和現實經驗，對於任何一個大集團而言，「山頭」現象似乎是不可避免的。或許，有人的地方就有江湖，有江湖的地方就有派系。《水滸傳》大概要算是最家喻戶曉、最經典的「山頭」故事了。就在水泊梁山這個「大山頭」上，也還有許多小的「山頭」。譬如在東溪村上山的晁蓋舊部、鬧江州時一起上山的團隊、二龍山派、桃花山派、清風寨派、祝家庄派等等。這些不同的山頭之間，形成了錯綜複雜的關係。

　　1.江州派。大約有李逵、戴宗、張順、張橫、穆弘、李俊、薛永等。這班人是宋江結識的，也是宋江的嫡系親信。

　　2.清風寨派。有花榮、王矮虎、燕順等，也是宋江信得過的支持力量。

　　3.晁蓋派。無非是七星結義的那幾個人：三阮、吳用、公孫勝、劉唐等人。吳用後來逐漸和宋江親密起來，成為宋江可以全心依賴的人物。但公孫勝、三阮等可能並不以為然。公孫勝一開始主動來蹚「渾水」，投奔晁蓋來劫生辰網；但後來卻執意要走，三番五次找了機會下山，不願再與梁山人為伍。三阮先是偷御酒，戲欽差，明裡暗裡破壞招安；招安後又和吳用商量，要踢開宋江鬧革命，還是因為吳用反對而未果。

　　4.舊王倫派。只有杜遷、宋萬等幾個頭目，本領低微，王倫死後已沒有什麼氣候，只好縮頭度日。

　　5.二龍山派。這是一股難以忽視的力量，包括武松、魯智深、楊志、曹正、孫二娘、張青等人。林沖和魯智深交情很深，也應該是此派中人。楊志和魯智深是老鄉，史進的少

華山派、桃花山派和二龍山派也有深厚的交情，這裡面只有武松和宋江關係比較密切。投奔水泊梁山，武松的意願應該更強些。魯智深心底卻不十分喜悅，對於宋江，他絕不似李逵等人那樣納頭便拜，甚至還這樣評論說：「……我只見今日也有人說宋三郎好，明日也有人說宋三郎好，可惜洒家不曾相會。眾人說他的名字，聒得洒家耳朵也聾了……」這篇話聽起來很是有幾分懷疑。又宋江一直「吾師吾師」地稱呼智深，不像其他人那樣稱兄道弟，可見二人關係比較疏遠。大家都有經驗，越是親密無間的人越不拘禮。事實上，可能自始至終，宋江也沒有籠絡住魯智深。

6.舊軍官派。為數也不少，而且在天罡之列的居多，像秦明、關勝、呼延灼、董平、張清、韓滔、徐寧、單廷圭、魏定國、索超等一班人。這些人多是宋江招降，而且宋江在招降時都以不久就招安來勸降，這些人應該是擁護招安的中堅力量。

除此之外，還有其他勢力微小的山頭，如登州派、獨龍崗派等。

但是，儘管有眾多的小山頭存在，各個山頭之間的矛盾卻並不一定激烈到公開化、白熱化的地步。如果各個山頭之間的矛盾真的極端激烈，恐怕也就不會有水泊梁山的精彩故事了。這主要是因為，梁山上搶掠來的物質財富豐富，而且在官府大軍壓境之下，任何人離開梁山，就難以生存。另外，要認真對待的是，眾多山頭之間的界限、力量對比並不是靜止的，而是動態發展的。

山頭政治遊戲

人是天生的政治動物，在再好的工作、生活環境中也是如此。即使你擁有一身本事，也要學著了解自己工作、生活環境中的社會生態，才能如魚得水，至少可在錯綜複雜的政治遊戲中保護自己不受傷害。進一步講，這些形形色色的「山頭」多有自己的利益特徵，同一「山頭」的成員之間會互相支持、互相維護，不同「山頭」之間有時候還會鬧到產生明顯的利益衝突甚至紛爭。

在「山頭」政治中，往往是「一人得道，雞犬升天」。而一個領導者，要想始終掌握主動權，就必須有效整合不同背景、不同價值觀、不同態度的眾多「山頭」，造就一個卓越的團隊。

現實生活中，面對「山頭政治遊戲」，一般而言，要注意以下幾個問題：

第一步：選擇「山頭」——了解當權者的個人資訊。

第二步：區分「自己人」——掌握當權者之「人脈網絡」（山頭）。

第三步：提升自己在「山頭」的地位——與當權者發展良好關係。

第四步：鞏固和推進人際網絡的動態發展。

第一步：選擇「山頭」——了解當權者的個人資訊

政治活動的目的，是為了擁有及保障權力。因此，首先

應該了解自己所身處的權力體系中誰是眞正掌握權力的人。當然，不能僅僅依據基於正式制度而來的職位進行判斷，更重要的或許是找出那些基於非正式權力結構的「隱形掌權人士」。要多觀察、多請教，深入了解每個掌權者的個人資料，例如學歷、家世背景、工作經驗、升遷過程及重要貢獻等等。這些資料不但能幫助你了解單位重要人物的特質，作爲日後努力的參考，更能爲自己提供未來和這些對象互動的良好基礎。

第二步：區分「自己人」──掌握當權者之「人脈網絡」（山頭）

標出各個「點」之後，接下來，你該試著從「面」來解讀整個體系中的政治勢力，也就是了解所謂的派系，亦即上一章所講的認清形勢和人際格局，以區分「自己人」、「盟友」和「對手」。譬如，單位主管與某個部門負責人是大學同學；你所在部門有三五個人來自同一鄉鎮，是同鄉；而你的頂頭上司與另一部門負責人有「瑜亮情結」，等等。在這個階段，多聽少說，特別是不要隨意對別人作出負面議論。

第三步：提升自己在「山頭」的地位──與當權者發展良好關係

要清楚地認識到，地球離了誰都照樣轉！因此，你必須與當權者發展良好關係。不是要你口是心非地亂拍馬屁，因爲那樣做很容易適得其反。

──**要真誠幫助對方成功**。預先設想對方在工作（甚或

私人生活）上可能遭遇的困難，提醒並盡可能幫他解決，以助其成功。

　　——**要表現忠誠**。碰到有人攻擊他時，挺身而出幫他解釋，化解尷尬，要能適度地表露自己對於對方的重視及忠誠。

　　——**建立誠懇的溝通模式**。適當而具體的稱讚，絕對是利人利己的。如果要表達不同的意見，則一定要在消除敵意的前提下，建立互信溝通模式。

　　——**發展合宜的公私關係**。如果有合適的機會，跟主管一起打球，或是邀請對方參加私人聚會，都是建立私交的好方法。畢竟多一分接觸，就多一分情誼。但是，須掌握分寸，別搞過頭。要知道，下班是朋友，一旦回到辦公室，仍舊是你的上司，不要忘了角色轉換。

第四步：鞏固和推進人脈關係的動態發展

　　辦公室政治不等於鬥爭。我們一定要調整心態，優雅地參與其中。

　　一、建立人脈關係。在公司中，多跟不同部門、不同階層的同事建立起親密而友善的關係。

　　——對別人的工作表現真誠的興趣，了解他的工作狀況及甘苦，表示你的同情心並注意傾聽。

　　——尋求忠告，或是開口尋求建議。多方請教總是好事，並且能巧妙地傳達自己對於對方的欣賞重視之意。

　　——牢記「欠我的人愈多，日後幫我的人也愈多。」要注意在能力範圍內，主動幫助同事，是累積人際資產的雙贏

方法。

——即使不是朋友，也不要變成敵人。要避免「凡是不贊成我的人，就是敵人」的思維方式，而要樹立「只要不是站在敵人陣營裡，就是自己人或朋友」的理念。

二、避免政治性錯誤的舉止。 要始終記住，千萬別誤踩以下政治地雷：

——對你的上司輕視傲慢。不論是私底下，或是在公開場合，對你的上司表現傲慢輕視的態度，只會反過來傷害到自己。

——公開挑戰上司的信仰與原則。「永遠不要對原則問題表示反對意見」，每個人都有一些深信不疑的價值觀及原則，如果你公開批評這些信念，很容易被貼上「不忠誠」的標識。

——接受不應得的功勞。不管怎麼說，搶功就是不對。主管搶屬下的功，會扼殺員工士氣；搶同事的功，明擺著要樹敵；而搶上司的功，則是找死。

三、給人幫助，要恰到好處。 如果你想要發揮人際互惠的最大效益，在給人幫助或好處時，可以掌握一些原則：不輕給（讓對方覺得來之不易）、不亂給（要選擇對象）、不吝給（既然要給，就寧可大方地給）。

四、實力才是最堅固的權力基礎。 累積權力的基本功夫，是累積自身實力。否則，再花稍的政治藝術，也幫不上草包的忙。只要能發揮智慧，在辦公室政治遊戲中，你一定能優雅地來去自如，成為真正的勝利者。

三個和尚沒水喝

你選擇妥協還是毀滅

　　我們還可以進一步想像，如果三個和尚最終仍不妥協，其結局只能是乾渴而死，或者是散夥走人。這三個人組成的微型社會，也最後將因為他們的不妥協而解體。

　　第二次世界大戰後，盟國對歐洲領土的劃分是一個很有趣的例子。

　　下面這段記載，反映了歷史的眞實：1944年10月9日晚10時，克里姆林宮托斯塔會議上，邱吉爾環視四周，他認爲當時的氣氛「正適合談生意」。「讓我們開始處理巴爾幹地區吧。」他開始說道。接著，首相在一張空白紙上寫下了他的建議：羅馬尼亞的90%歸俄羅斯，希臘的90%歸英國，俄羅斯和英國在南斯拉夫和匈牙利都各占50%，同時，保加利亞的75%歸俄羅斯。他將這張紙沿著桌子推給史達林，史氏取出藍色鉛筆，在上面打了一個大大的鉤，又把它還給首相。邱吉爾事後回憶：「這之後沉默了很長一段時間。」最後邱吉爾說：「爲了避免人家認爲我們把這些關係到成百上千人們命運的事，就這樣隨隨便便處理掉了，我們還是把這張紙燒了吧。」「不，由你保存吧。」史達林回答。

　　第二天，交易在兩國外長埃登和莫洛托夫之間繼續進行。莫洛托夫開門見山地提出，蘇聯不能接受對匈牙利50%的劃分，蘇聯想要75%。他還說，蘇聯在保加利亞也要控制90%的領土。接下去就是一連串的各種各樣的建議，偶爾莫洛托夫也會主動提出以南斯拉夫的部分領土作爲交換，以爭取對保加利亞和匈牙利的絕對控制。這位蘇聯外長指出，在南斯拉夫，60/40意味著英國將控制沿海而蘇聯將控制內陸。最後，埃登終於接受了他認爲還算體面的妥協——英國在保加利亞和匈牙利都各占20%，分兩階段實現，但蘇聯允許盟國的一個控制委員會在戰爭結束後繼續工作。莫洛托夫也同意與英國平分南斯拉夫。

表面上，在這些具有歷史意義的決定上，似乎很難發現指導原則。但實際上並非如此。這些決定，至少反映了兩點：

1.在利益分配中，必須妥協，以進行某種交換交易。

2.自己擁有的資源就是自己的武器，沒有資源就沒有妥協的資本。

當然，最重要的還是：利益的分配和交換就意味著某種妥協。

三個和尚沒水喝

我國各地廣為流傳著「三個和尚沒水喝」的故事，其寓意為，社會生活中人們之間確實需要學會相互協調、妥協。當一座遠離塵世的寺廟為一個和尚獨占時，他沒有其他選擇，只能自己挑水喝；當寺廟中又來了一個和尚而組成兩個人的微型社會時，協調就顯得必要了：由誰挑水喝？協調的結果是兩人去抬。而當第三個和尚來了以後，三個人在由誰挑水喝這個問題上互不妥協，導致「三個和尚沒水喝」的結局。我們還可以進一步想像，如果三個和尚最終仍不妥協，其結局只能是乾渴而死，或者是散夥走人。這三個人組成的微型社會，最後將因為他們的不妥協而解體。

猶太人也有一則包含著類似道理的寓言：

從前有一個國王，得了一種世界上罕見的奇病。經醫生診斷，此病只有喝了獅子奶才能痊癒。可是，要怎樣才能得到獅子奶呢？大家一籌莫展。

　　有一個聰明的男孩得知此事後，想出一個辦法。他每天跑到獅子洞穴的附近，給母獅子送上一隻小獅子。到第十天，他已經和母獅子很親密了，終於順利地取得一點獅子奶，可以給國王當藥用。

　　可是在去王宮的路上，這個小男孩身體的各部分卻吵起來了，鬧得不可開交。吵什麼呢？原來是爭論身體的哪一部位在取獅奶的過程中功勞最大。

　　腳說：「如果沒有我，就走不到獅子洞，自然就取不到奶。」

　　手說：「如果沒有我，拿什麼取奶？」

　　眼睛說：「如果沒有我，看也看不見獅子，怎麼取奶？」

　　這時，舌頭也突然加了進來，說：「如果不能說話，你們一點用處也沒有。」

　　身體各部位一聽，更不服氣，群起而攻之：「你舌頭沒有骨頭，完全沒有價值，別再妄自尊大。」

　　舌頭一看情勢不對，趕緊閉口不言。

　　進了王宮，舌頭又開口說：「到底誰最重要，待會兒你們就知道了。」

　　到了國王面前，小男孩獻上獅子奶，國王分辨不出這是什麼奶，便詢問男孩。

　　男孩回答說：「這是狗奶。」

　　這時身體各部位才知道舌頭的重要，連忙向它道歉。於是，舌頭才改口說：「不，是我說錯了，這是貨真價實的獅子奶。」

在猶太人眼中，任何事物的存在都是有用的，一時無用，另一時也許就有用。

妥協的藝術

對於人來說也是如此。不同的人，總是各有長處，各有缺點。選擇合適的位置，就能顯示其優點，沒有合適的位置則只見其短處。從另一角度看，**以己度人、推己及人，站在別人的立場上看問題，就是妥協的藝術。**

在現代生活中，妥協已成為人們交往中不可缺少的潤滑劑，發揮著越來越重要的作用。在市場上，買家與賣家經過討價還價，只有雙方達成妥協才能做成買賣。而在國際衝突中，衝突雙方各自作出一定讓步，誰也不會被視為愚蠢。事實上，如果不肯作出任何妥協，恐失去自身的生存與發展的機會，最終成為失敗者。

妥協並不意味著放棄原則，一味地讓步。實際上，我們不僅要注意到什麼是別人的原則問題，更要懂得堅持自己的原則。我們應當區分明智的妥協和不明智妥協。明智的妥協是一種適當的交換交易。為了達到主要目標，可以在次要目標上作適當的讓步。這種妥協並不是完全放棄原則，而是以退為進，透過適當的交換交易來確保自身要求的實現。相反，不明智的妥協，就是缺乏適當的權衡，或是堅持次要目標而放棄主要目標，或是妥協的代價過高遭受不必要的損失。因此，明智的妥協是一種讓步的藝術，而掌握這種高超的藝術，是現代人成功生活的必備素質。

　　在現代生活中，善於妥協不僅是一種明智之舉，而且還是一種美德。能夠妥協，意味著對對方利益的尊重；意味著將對方的利益看得和自身利益同樣重要。在個人權利日趨平等的現代社會，人與人之間的尊重是相互的。只有尊重他人，才能獲得他人的尊重。因此，善於妥協就會贏得別人更多的尊重，成為生活中的智者和強者。

23

江山代有才人出

政治戲碼幕後的生死拚殺

　　嚴嵩既靠察顏觀色、曲意逢迎來提高自己
在皇帝心目中的地位，同時也透過排擠打擊政
敵，擴大自己的權勢。一手與另一手相配合，
發揮出極大的政治威力。

　　了解封建官場歷史的人都知道，拍馬屁必須無恥，否則拍不起來；即使是拍了起來，也會是硬梆梆的，被拍之人並不受用。有這樣一個故事，一名小吏與長官在一起，長官忽然放了一聲響屁。小吏馬上道：「大人此屁，味如蘭桂，聲如絲竹。兩山走氣可惠澤一方百姓。」長官大喜，賞銀十兩。這雖說有些誇張，但是卻也說出拍馬屁的人嘴臉來，好不讓人惡心。惡心卻讓人收到實惠，從另一角度看，這也是交換定律在惡劣政治生態下的負面產品。

　　世事如棋局局新。社會生活中，仔細琢磨，恐怕政治戲劇是最富有生氣的，常常讓人意料不到其發展與結局。但是，不論怎樣，我們都能看到：**政治戲劇總是遵循著交換定律的原則，一幕又一幕地展開並生動上演。**

　　我們且來看明朝的一段歷史。

逢迎拍馬，見風轉舵

　　嚴嵩，江西袁州府分宜（今新餘市分宜縣）人，生於1480年，25歲時考中進士，任職於正德、嘉靖兩朝，而以嘉靖朝（1522～1566）為主。作為嘉靖朝的內閣首輔（相當於宰相），他前後專權達20年之久，直到87歲高齡才因病去世，其權勢炙手可熱，足以威震朝野。

　　當時，明武宗荒淫嬉戲，中年身亡，沒有子嗣，也無其他的兄弟。皇太后與大臣們商量後，就迎立了武宗的堂弟，立為世宗。這時，嚴嵩已經60多歲。當時可能誰也沒想到，明世宗的即位引致了嚴嵩的飛黃騰達。

世宗即位之初，還是個不諳世事的少年，朝政委於一些較正直的大臣，尚無大過。但在年紀漸長之後，世宗就逐漸露出了他昏聵的本色。世宗乃繼承堂哥武宗的皇位，因此，武宗之父孝宗就不是世宗的皇考（皇父）。按照封建正統觀念，皇考是不能變的。世宗只能以孝宗過繼子的面目出現，繼承皇位後當然要尊孝宗為皇考。但因為世宗在即位前並未行過繼禮，所以他不願承認孝宗為自己的皇考，而要把自己的親生父親興獻王尊為皇考，諡為興獻帝。此舉引起了一班正統大臣的恐慌，他們爭相勸諫，阻止世宗。

起初，嚴嵩也站在反對世宗的行列裡，他很快就覺察出政治風向不對，便立即改弦更張，堅決支持世宗改尊皇考，並引經據典，極力證明世宗改尊皇考的正確性。而且，他還積極主持策劃制訂迎接興獻王的神主入太廟的儀式，諡其為睿宗。**在惡劣的政治生態之下，忠誠往往演變為對一己私利的維護。**嚴嵩開始走上政治的上升之途。此後，世宗對嚴嵩青睞有加，不僅賞賜許多錢帛，更重要的是世宗從此看中了他。

「千穿萬穿，馬屁不穿。」嚴嵩雖然在這次事件中嶄露頭角，但他知道，要想飛黃騰達，僅此一次獻媚還不夠，更當抓住這個機會，繼續小心謹慎地努力，做長期的、艱苦細緻的工作。

嚴嵩真正取得世宗的信任和好感，還是從趨奉世宗信仰道教開始。世宗崇信道教，其迷戀與狂熱，在中國歷代皇帝中，是極其少見的。他設醮壇，信方士，服丹藥，中年以後，竟至長年不問朝政，專事玄修。嚴嵩看到這種境況，當

然不會去勸諫世宗，只會迎合奉承。嘉靖皇帝推崇道教，而道教舉行齋醮儀式時需要獻給天神奏章表文，一般用駢麗體寫成，用紅筆寫於青藤紙上，故稱「青詞」，又叫「綠章」。嘉靖中期以後，內閣宰相、翰林詞臣、朝廷九卿的主要任務不再是管理軍國政務，而是為皇帝撰寫玄文。先後有超過90多人寫過青詞，以侍奉嘉靖皇帝。嚴嵩為逢迎皇帝，故對撰寫青詞自然十分熱心，成為明代歷史上有名的「青詞宰相」。

有效排擠打擊異己

嚴嵩既靠察顏觀色、曲意逢迎來提高自己在皇帝心目中的地位，同時也透過排擠打擊政敵，擴大自己的權勢。**一手與另一手相配合，發揮出極大的政治威力。**

嚴嵩這兩手的強大威力，在與他的競爭對手夏言的鬥爭中，表現得淋漓盡致。

夏言為人正直，曾「上疏諫革除弊政，核汰享軍冗員；出按田莊，悉奪還農產；劾貪鄙不畏權貴，救被誣不避嫌疑」，在當時是屬於比較光明磊落的人物。嘉靖十年，他被擢升為禮部尚書，五年之後，為武英殿大學士，入參機務，不久便成了宰相。

按照明代的冠制，皇帝和皇太子用烏紗折上巾，沿習唐朝所謂的翼善冠。但明世宗因崇信道教而不戴普通的皇冠，改戴香葉道冠，成天把自己打扮成道士模樣。世宗還命人刻製了五頂沉香冠，送給夏言、嚴嵩等五個大臣。夏言是內閣

首輔大臣，是當朝第一重臣，他認為這有違祖制，不肯戴世宗給他的沉香冠。更何況，君臣都戴著這樣的帽子上朝議事，成何體統，豈不把朝廷變成了一群道士做法事的道場？私下，夏言還曾經對世宗進諫，要他遠離道教。

夏言的做法自然引起世宗不悅。慢慢地，世宗也就疏遠了夏言。但嚴嵩卻恰恰相反，在世宗召見他時，他不僅戴上世宗賜給他的沉香道冠，還在道冠之外籠上了一層輕紗，以示珍惜。世宗見了，自然大為高興。覺得嚴嵩不僅公忠體國，還公忠體「我」。

嚴嵩覺察到夏言開始逐漸失寵，於是就精心設計了一套取夏言而代之的方案。他首先是對夏言表示尊重，不論什麼場合，他都堅決不對夏言有任何一句微辭。有一次，他請夏言到自己家裡吃飯，夏言拒絕了。嚴嵩回府後，不僅沒有怨言，還對著夏言的座位跪拜良久。這件事被夏言知道了，也覺得很感動，認為嚴嵩真心對自己佩服和尊敬，提防之心漸鬆，於是給嚴嵩留下了可乘之機。

在對待皇帝派去的使者的態度上，嚴嵩與夏言的做法也截然相反。世宗派內臣到大臣家裡去傳達詔令，夏言總是擺出一副大官的架子，把他們當奴僕對待；而嚴嵩則與此不同，每每皇上有事派人找他，「嵩必執手延坐款款」，又是讓坐，又是上茶，客客氣氣，百般討好，時不時編造些有關夏言的小謠，爾後，「密持黃金置其袖」，臨走時悄悄塞到來人手裡。這麼一來，他們怎能不「以是爭好嵩而惡言」呢？

有一次，不知為點什麼事，皇上到半夜了還要找夏言，

太監去了又回來說，睡了，喊不起來了。其實，這大有疑問之處，很可能就是太監與嚴嵩設計好的小動作。明人《玉堂筆記·險譎》一節是這麼記述的：「上或使夜瞰言，嵩寓直何狀，言時已酣就枕，嵩知之，故籌燈坐，視青詞草。」夏言睡了，人家嚴嵩則是在那裡裝著樣子看閑書，「回皇上」的，也是「稟萬歲爺，嚴尚書真是勤於國政呀，這麼半夜三更的，還在看您批的折子哩。他後腳就到。」

在這種情形對比之下，夏言的命運絕對好不了，果然，他最終「因河套事激帝怒」而被殺，首輔的位置便由嚴嵩取而代之。

江山代有才人出

夏言被殺第二年，徐階出任嘉靖朝最重要的禮部尚書。這一次，嚴嵩碰到了一個極為厲害的對手。

徐階能夠坐上禮部尚書這把交椅，和他同嚴嵩一樣具有極其出色的青詞寫作能力有著密切關係。《明史》記載，由於徐階寫作的青詞深獲帝心，以至於被專門召到身邊去值班。結果，連徐階被推薦去擔任吏部尚書時，皇帝都下令不許，意思是不願意徐階離開身邊，他需要徐階隨時為自己撰寫青詞。

同時，徐階平日的為人作風也開始發揮作用。據說，徐階平日禮賢下士，姿態極低。按慣例，吏部乃朝廷最高人事機關，是個極度敏感、人人警覺性特高的衙門。因此，至少在表面上，吏部官員對於前來辦事的其他官員，一般都是公

事公辦，三言兩語打發走人了事。而徐階在擔任吏部侍郎時，對所有來人，都「折節下之」，毫無架子，而且必定促膝攀談，不管邊疆內地，吏治社情，民間疾苦，全都深入請教。結果，人人都認爲徐階看重自己，皆「願爲用」。

長久下來，這種情形開始發揮明顯的作用，皇帝在他身邊來來往往的官員口中，時常可以聽到一些關於徐階的好話。

嚴嵩爲內閣首輔大學士時，徐階也是內閣大學士，兩人共事近十年，嚴嵩多次設計陷害徐階，徐階裝聾作啞，從不與嚴嵩爭執，甚至把自己的孫女嫁給嚴嵩的孫子，表面上十分恭順。嚴嵩的兒子嚴世蕃對他多行無禮，他也忍氣吞聲。

直到嘉靖四十一年（1562年），鄒應龍告發嚴嵩父子，皇帝逮捕嚴世蕃，勒令嚴嵩退休。徐階還親自到嚴嵩家安慰。這一行動使得嚴嵩深受感動，叩頭致謝。嚴世蕃也率妻子乞求徐階爲他們在皇上面前說情，徐階滿口答應。

徐階回到家，他的兒子不解，說：「你老受嚴家父子的侮辱陷害，已經那麼多年，現在是該出口氣的時候了。」

徐佯裝十分生氣，罵兒子說：「沒有嚴家，就沒有今天的我。現在嚴家有難，我負心報怨，會被人恥笑的！」嚴嵩派人探聽到這情況，信以爲眞。

嚴嵩已去職，徐階還不斷寫信予以慰問。甚至連嚴世蕃也說：「徐老對我們沒有壞心。」

殊不知，徐階只是清醒地意識到，皇上這時對嚴嵩還存有眷戀，皇上又是個反覆無常的人，嚴嵩的爪牙還在四處活動，時機還不成熟。

後來，御史林潤、法司黃光升決定從嚴嵩兒子嚴世蕃下手。他們認為，要告倒這個嚴世蕃，最具殺傷力的是其巨額財產來源不明，以及設置冤獄，殘害楊繼盛、沈鍊，這兩項罪行引起極大的民憤，足以置嚴世蕃於死地。

徐階不以為然，民憤對皇帝來講，算什麼？他拿著他們給嘉靖的上書，問道：「諸公欲生之乎？」「必欲死之。」徐階冷冷一笑：如果真是按照你們的辦法去弄，可真是救了嚴世蕃的命，而陷自己於死地。過去的經驗使徐階明白，這些年來，所有劾奏嚴氏父子者，無一不敗的原因，就在於揭發嚴嵩、嚴世蕃的貪贓枉法、聚斂錢財、量值賣官、殘害忠良的罪行時，總有不可回避的一點：如果皇帝不是昏庸失察，任用非人，便是包庇佑護，縱容貪臣。這些臣子總想「點撥」皇帝這麼一筆，只不過不直點他的名，話說得儘量婉轉而已。皇帝是個自負自信、暴躁易怒的人，要他接受這份上書，等於要他承認自己過去錯了，這是絕不可能的事。

所以，徐階不主張告嚴世蕃貪污，那讓皇帝掛不住臉，眼皮子底下出了巨貪，決不是最高統治者臉上光彩的事；他更不主張告嚴嵩父子製造冤獄，因為濫殺無辜，無論如何總是奉旨行事，皇帝自有其推卸不掉的責任。當皇帝的只有聖明，怎麼能有錯？哪怕99％錯了，只有1％勉強說對，也要大言不慚聲稱英明正確的。所以，想達到告倒嚴世蕃，一定要把嘉靖完全撇開。

徐階想出的辦法可真絕，他認為，要想割下嚴世蕃的腦袋，只能告他以下四條：一、嚴世蕃在他老家江西南昌，蓋了一座「制擬王者」的府邸；二、嚴世蕃在京城與宗人朱某

某，「陰伺非常，多聚亡命」；三、嚴世蕃之門下客羅龍文，組死黨五百人，「謀爲世蕃外投日本」，在進行著武裝訓練；四、嚴世蕃之部曲牛信，本在山海衛把守邊關，近忽「棄伍北走」，企圖「誘致外兵，共相響應」。

這四條罪狀，條條都是犯上作亂，跟皇上過不去的：蓋府邸「制擬王者」，不是明擺著有想當皇帝的野心？與姓朱的宗族成員搞地下串連，是不是要篡權奪位、另立新主？倭寇爲明代心腹之患，組成反革命武裝，裡通外國，投奔日本，是何居心？勾結邊外覬覦我大明江山的異族，起內應外合的作用，一旦得勢，那還得了？這幾條，條條好比一把刀，刀刀插到皇帝的心窩裡。

據說，嚴世蕃最初知道林潤、黃光升要上書時，就設法拿到了上書的第一稿副本。他一看，哈哈大笑，「我很快就要出獄了！」等到大臣們按照徐階的意思重新組織罪名，上奏皇帝以後，嚴世蕃才大驚，明白自己的死期到了。果然，皇帝一拍御案，嚴世蕃的末日立刻來臨。《明史》對其死，說得很簡潔，只有七個字：「遂斬於市，籍其家。」

在這件事上，徐階堪稱足智多謀，終於大獲全勝。後來，徐階提攜了兩個人，對他個人、對明朝政治的發展都產生了很大影響。

一個人是高拱。徐階推重並荐舉了高拱，使他成爲內閣大學士。然而，一步步得勢的高拱卻對徐階越來越不客氣，最後，甚至還迫使徐階不得不退休返鄉。即使這樣，高拱還是不依不饒，所做的事情，但凡與徐階有關，就全部反著來，只要能讓他難受就行，搞得徐階簡直是痛不欲生。

　　另一個是張居正。徐階從很早的時候就特別欣賞張居正，一直予以栽培獎掖。到嘉靖末期，在徐階的苦心提攜下，張居正已經達到了政治的核心層，並為後來的快速上升打下了堅實的基礎，最終成為明代最有名的政治家。

　　在之後短暫而又漫長的歲月裡，高拱、張居正、馮保，以及各色人等，繼續上演著生動無比的政治戲碼，且一幕比一幕新奇，既有相似處而又絕不重複。

24

自己活也讓別人活

壕溝戰中的交換交易奇觀

如果一方採取特殊的克制，走出雙方合作的第一步，那麼，另一方就應該給予回報。相應地，還必須懂得，對方不太可能採用無條件背叛的策略；而這點，又進一步維持和強化了以交換交易進行的合作。

在第一次世界大戰期間，西部前線展現了一幅爲幾尺領土而展開浴血戰的殘酷畫面。但是，在一些陣地上，敵對的士兵卻經常表現出很大的克制，在沒有任何友誼和預見的環境下進行「合作」，演化出「**自己活也讓別人活**」的交換交易系統。

當時，一位英軍軍官在巡視前方塹壕時，驚奇地發現，敵方德軍士兵在來福槍射程內來回走動，而英軍卻毫不爲奇，不予理睬。當時，他就暗下決心，自己在接管這裡時一定要杜絕這類事情發生。

然而，與他的這種願望相反，這種現象並不是單一的例子，而是第一次世界大戰中塹壕戰的特產。即使交戰雙方的高級指揮層都盡力想阻止它；即使有不是消滅敵人就是被敵人消滅的軍事邏輯；即使上級的命令能夠有效制止任何下屬試圖直接停戰的努力，但「自己活也讓別人活」的系統仍然按照自己的邏輯，即**交換交易的邏輯**繼續存在和發展著。

換言之，**即使是在直接、強烈對抗的系統中，仍然可以透過交換交易達成合作，形成一個維持和促進雙方共贏或者是「雙不敗」結果的局面。**

戰爭中的奇觀

英國社會學家托尼·阿斯沃思分析整理有關一次世界大戰塹壕戰的日記、信件和回憶錄，深入研究了這個「自己活也讓別人活」系統的形成和發展。他認爲，必須從陷入「囚犯困境」的最前線士兵們的心理感受出發，而這一點卻不被

上級指揮部門深切了解：戰線上某些防區之所以平靜，眞正的原因是雙方都沒有在這一地區前進的企圖。如果英軍射擊德軍，德國人就會反擊，那麼遭受的創傷是相等的。如果德軍轟炸前線的塹壕並殺死5名英國士兵，那麼反擊的炮火也會炸死5名德軍。顯然，在這樣的環境下，進攻和反擊是一種導致雙方都遭受毀滅性打擊的策略，而保持雙方克制比雙方懲罰要好。

現在的問題是：**如果對立雙方都有克制和合作的意願，那麼，合作的系統怎樣才能開始？其維持需要什麼樣的條件？而這一合作系統又能達到什麼樣的效果？**

研究發現，戰爭的第一階段激烈而殘酷。但是，當戰線穩定下來，進入對峙狀態後，前線有許多地方出現了互不進攻的現象。其中，最早的例子可能與兩軍對壘最前線的無人區兩邊同時進餐有關。當時，有一位士兵觀察到：「每到天黑以後，軍需官帶著食品上來了，食品先被從前線下來的小組取走。我想敵人大概也是這麼做的。這樣的事情悄悄地做了幾天之後，這些取食品的小組變得不在乎了，在回去的路上還有說有笑的。」

另一個雙方克制的方式則可能源自於很糟糕的天氣。由於天氣很壞，任何一方幾乎都不可能進行大規模的進攻，於是經常出現部隊不再互相射擊的特定天氣的休戰。而當天氣好轉以後，這種方式卻繼續得以保持下來。到了耶誕節時，這種友善行爲更加擴大了。而且，當對立雙方透過默契達成初步合作後，互動方式會更加直接和理性：在一些地方，常有人用叫喊或信號來安排直接休戰。譬如，「在一個防區早

上8點到9點被認為是神聖不可侵犯的『個人時間』。一些插上旗誌作為標示區域，被認為是雙方狙擊手不能打擾的地方。」

事實證明，即使處在交戰狀態下，對立雙方仍然可能有合作的強烈意願：**對於戰爭雙方來說，不僅要消滅對方，還要保存自己；而且，後一點可能更重要**。關鍵是，如果一方採取特殊的克制，走出雙方合作的第一步，那麼，另一方就應該給予回報。相應地，還必須懂得，對方不太可能採用無條件背叛的策略；而這點，又進一步維持和強化了以交換交易進行的合作。

例如，1915年夏天，一個士兵看到，為了得到新鮮食物，敵人是願意回報和進行合作的：「敵人塹壕後面的道路上擠滿了運送食品和水的車輛，把它炸成一片血跡是很容易的事。但是這裡是平靜的，如果你不讓敵人得到他的食物，他的補救辦法很簡單：他也將不讓你得到食物。」**一旦背叛真正發生，報復經常比「一報還一報」更多，往往是「一報還兩報」或者「一報還三報」，通常是對一個超出可接受範圍的行為的反應。**

「我們在夜裡走出戰壕。德軍的巡邏小組也出來了，這時開槍被看作是不合規矩的。最令人討厭的是手榴彈，如果它們落入塹壕就能殺死8到9個人。但是我們從來不這麼做，除非德軍在實行他們的三對一的報復時出現混亂。」一位英軍軍官回憶起他面對德國撒克遜部隊時的經歷，「當我在一個連隊喝茶時聽到一串射擊聲，我們就走出來觀看出了什麼事，我們發現士兵和德國人都正站在自己的塹壕外的土牆

上。突然一陣炮火打來，但沒有造成傷亡。這時雙方跳下土牆，我們的士兵開始罵德國人。這時，立即有一個大膽的德國人跳上土牆大聲喊道『我們很抱歉，但願沒有人受傷，這不是我們的錯，這是該死的普魯士炮兵幹的。』」這道歉不僅有助於防止報復，甚至反映了對違反相互信任而表示的歉意和對某種可能被傷害的關心。因此，我們需要時刻牢記這句名言：**「別驚動睡著的狗」**。

事實上，第一次世界大戰中在局部地區的塹壕戰形成的系統之所以解體，其最根本原因就在於英國、法國和德國的高級軍官們都想阻止這種心照不宣的休戰，都害怕這種休戰會逐漸削弱士兵的士氣。他們認為，在整個戰爭中，只有採取不停進攻的策略才是朝勝利邁進的唯一途徑。

於是，在一連串不停頓的突擊行動中，每一次襲擊之後，雙方都不知道接下來會發生什麼情況：進行襲擊的一方總是預計會受到報復，只不過不能預測報復的時間、地點和方式；而遭受襲擊的一方也很緊張，因為他們不知道這是單一攻擊，還是一系列進攻的開始。這樣，真正的進攻出現了，報復是不會衰減的，雙方的合作系統遭到徹底瓦解。

對立雙方如何克制與合作

這個例子中所包含著的交換定律令人印象深刻，且極具啟示。大致說來，以下幾點很值得記取和遵循：

1.即使是直接敵對的雙方之間，也可以產生合作。

除非敵對的各方均以消滅對方為唯一目的，或者雙方的

博弈是明顯一次性的。而事實上，現實生活中人與人之間的關係總是具有多重性，且常常是持續的。只要對立雙方進行的是一種重複博弈，且「背叛」總是會帶來「一報還一報」的嚴重後果時，「合作」就會出現和得到的鞏固。

2.強烈對立系統中的合作，只能以交換交易為基礎進行，是一種突出的外部交換。

這意味著，諸如友誼、關心等道德性因素並不是合作的必要條件；這種交換交易只是透過精細的計算利益得失而建立起來的。

3.交換交易的持續和強化，可以推動直接對立雙方衝突關係的轉化。

亦即對立、衝突的關係可以轉化為聯繫、互利的關係。在生活中，切不可抱著僵化、固定不變的觀念與人打交道。事實上，如果你把一個人看作朋友，他就會越可能成為你真正的朋友；相反地，如果你把一個人視為敵人，他就一定會成為你的敵人！

25

交換交易之「道」
人際交往的十大「戒律」

你要始終記住——
只要有人存在的地方，就有交換交易！
只要有交換交易，就一切皆有可能！

作爲唯一被尊崇爲「經」的中國佛教典籍，《六祖壇經》是禪宗創始人六祖慧能大師得道經過及他對佛法的講述。其中有一段論述，講的是慧能大師自知不久人世，於是把自己最重視、最信任，以爲會最有出息的若干門徒叫到自己跟前說：「汝等不同餘人。吾滅度後，各爲一方師。吾今教汝說法，不失本宗。」爾後是密語若干，講的全都是「說」法的道理，帶有濃厚的「道」的特性。

「說」法有「道」，那麼，人際交往有沒有內在的規律，有沒有「道」呢？

讀過本書以後，我們可以得出答案：人際交往也有「道」，這就是我們在此所論述的交換定律！

不過，「道可道，非常道」，本書從交換交易模式切入所進行的探討，遠遠沒有窮盡人際交往規律的豐富內容，而且，本書可能還存在著不少需要進一步探索的地方。因此，在本書結束的時候，我還想從另一個角度，把交換定律中所包含的人際交往和事業成功之「道」，整理爲**十大戒律**，以提醒讀者：

1.在社會交往過程中，每個人都有自身所追求的利益目標。

有人爭辯說，人們本性上崇尚、追求的是大公無私的道德行爲。其實不然。事實上，追求社會報酬是人們社會行爲的基本動機，交換交易則是實現社會報酬的基本途徑。只有當人們能夠從交換交易中獲利的時候，相互之間的關係才會變得更加密切。

2.交換交易是建立牢固的人與人關係的唯一途徑。

一些人認為，基於情誼而不是利益的關係，才是牢靠的人際關係。其實不完全是這樣。準確地說，社會因交換而存在，只有透過交換交易而建立起來的人與人之間的關係，才真正是牢不可破的。

3.交換交易中，社會心理普遍認可的最高準則是等價交換。

有人認為，人們始終改變不了喜歡占便宜的本性。其實不對。任何行為都應當得到適當的報答或懲罰，從本性上講，人們不喜歡被人利用，也不喜歡占別人的便宜。因此，人際交往的交換交易以「給予」和「回報」等值為基礎。

4.積極、健康的人際交往主要顯現為一種內部關係。

有人把加強人際關係的秘訣理解為物質利益的交換，其實大錯。從某種意義上說，現實中人們所讚賞、追求的是以內在報酬為基礎的交換交易。也只有在以深刻的內在依戀為特性的內部關係中，相互之間才會產生義務感、責任感和信任感，才能找到「自己人」，也才能把「外人」轉化為「自己人」。

5.交換交易的實際效能與運用資源目的、交換策略密切相關。

很多人片面看重自己所擁有的交換資源。其實，即使擁有相近似的交換資源量，但不同的人運用這些資源所發揮的效果也不同的。運用交換資源的目的不同，進行交換交易的策略不同，就可以產生不同的交換效能。

6.社會金字塔現象意味著牢不可破的社會鴻溝。

交換交易具有形成和鞏固社會金字塔的自然傾向，但這並不意味著社會金字塔就牢不可破。在交換交易中順時、順勢而爲，就一定能夠找到沿著社會金字塔上升的途徑。而且，我們應當清醒地認識到，社會層級的上升，可以導致交換交易能量成倍、乃至十幾倍的遞增。

7.交換交易中，權力、權威的產生，只能基於高位者對低位者的回報而產生。

不少人特別是處在高位的人並沒有意識到，一個人永遠不可能強大到可以獨自完成每一件事，必須獲得他人、甚至是敵對者的幫助和配合。事實上，一個人（尤其是處在高位者）如果不能回報爲自己提供服務、忠誠的人，與他們分享勝利果實，就沒有人願意爲他付出勞動和智力，這樣的人注定走不遠，成就不了大事。

8.在交換交易關係中，任何人都具有自己獨特的優勢。

一些人只看到自己的劣勢和不利因素，其實，在任何一對交換交易關係中，處在低位者也一定會擁有特定的優勢。只要採取適當的策略，個人的相對劣勢就可能得以轉化，甚至轉化爲交換交易的優勢。因此，記住這一點：任何一個人（包括你自己）都可能扭轉乾坤，影響甚至決定其他人包括處在高位者的命運！

9.交換交易指向的是所有的人。

一些人總認爲人際交往只是在「自己人」或者「不敵對」的人之間發生，其實不對。交換交易可以也應當在任何人之間進行，只要肯於妥協、善於妥協，你甚至還可以和自己的

「敵人」進行合作。事實上，如果你把一個人看作朋友，他就會越可能成為你真正的朋友；相反地，如果你把一個人視為敵人，他就一定會成為你的敵人！

10.一個人不遵守交換定律，他將會被排斥出人際交往「圈子」。

長期的交換交易模式的形成，意味著一種社會規範、一種眾所遵循的行為模式。不遵守這個模式所包括的基本規則，將被排斥在社會人際交往的「圈子」外。

希望你始終記住——

只要有人存在的地方，就有交換交易！
只要有交換交易，就一切皆有可能！

國家圖書館出版品預行編目資料

交換定律／瞿力作. -- 第一版. -- 臺中市：
 十力文化，2007.12
  面；　公分

 ISBN 978-986-83001-7-0（平裝）

 1. 人際關係

177.3   96022140

事業館　B801

交換定律
——人際交往的成功之道

作　　　者	瞿　力	校　　　對	林昌榮
責任編輯	郭婉玲	行銷企劃	黃信榮
封面設計	劉鑫鋒		

發 行 人　劉叔宙
出 版 者　十力文化出版有限公司
地　　址　台中市南屯區文心路一段 186 號 4 樓之 2
電　　話　(04)2471-6219
網　　址　www.omnibooks.com.tw
電子郵件　omnibooks.co@gmail.com

總 經 銷　商流文化事業有限公司
地　　址　台北縣中和市中正路 752 號 8 樓
電　　話　(02)2228-8841
網　　址　www.vdm.com.tw

印　　刷　通南彩色印刷有限公司
電　　話　(02)2221-3532
電腦排版　浩瀚電腦排版股份有限公司
電　　話　(02)2357-0399

出版日期　2008年元月
版　　次　第一版第一刷
定　　價　220

ISBN　978-986-83001-7-0